Rudi Rhode/Mona Sabine Meis

Wer schreit, hat schon verloren!

Guter Rat für aktive Menschen

Lillian Glass: **Mit mir nie wieder!**
10 Methoden, mit Menschen umzugehen,
die Ihnen das Leben schwer machen.
15. Auflage. ISBN 978-3-0350-0014-6

Lillian Glass: **Ich weiß, was Sie denken!**
Vier glasklare Methoden, Menschen zu durchschauen.
6. Auflage. ISBN 978-3-0350-0007-8

Rose Rosetree: **Die Kunst aus dem Gesicht zu lesen**
Mimik und Gesichtsmerkmale in Gespräch, Verhandlung
und in zwischenmenschlichen Beziehungen.
ISBN 978-3-0350-0001-6

Gerhard Leibold: **Ich bin, was ich denke**
Vom «Das bringt doch nichts «zum» Ich will es wissen!«
ISBN 978-3-0350-0036-8

Emile Coué: **Autosuggestion**
Wie man die Herrschaft über sich selbst gewinnt.
Die Kraft der Selbstbeeinflussung durch positives Denken.
5. Auflage. ISBN 978-3-0350-1507-2

Shirley Trickett: **Endlich wieder angstfrei leben**
Selbsthilferatgeber gegen Angst, Depressionen und Panikattacken.
9. Auflage. ISBN 978-3-0350-0020-7

Norman V. Peale: **Heute fängt dein Leben an**
Ein positives Wort für jeden Tag.
ISBN 978-3-0350-0035-1

Norman V. Peale: **Die Kraft positiven Denkens**
Wenige Bücher haben mehr bewirkt! Ihr Gewinn: Vertrauen in sich selbst!
ISBN 978-3-0350-0050-4

Gesundheit geht über alles:
Bücher von Oesch und Jopp in Ihrer Buchhandlung/Versandbuchhandlung
Aktuelle Programminformationen unter:
www.joppverlag.de
www.oeschverlag.ch

Rudi Rhode / Mona Sabine Meis

Wer schreit, hat schon verloren!

Körpersprache selbstbewusst beherrschen

Mit Fotos und Zeichnungen von
Mona Sabine Meis

Oesch Verlag

Eine umfangreichere Version dieses Buches ist
unter dem Titel *Wortlos sprechen. Körpersprache: Körperwahrheiten – Körperlügen* lieferbar.
ISBN 978-3-0350-0027-6

1. Auflage März 2007
2. Auflage Oktober 2007

Umschlagbild: XL Digitale Fotos
Satz: Oesch Verlag
Druck und Bindung: Ebner & Spiegel, Ulm
Printed in Germany

ISBN 978-3-0350-0045-0

Gern senden wir Ihnen unser Verlagsverzeichnis:
Oesch Verlag, Jungholzstraße 28, 8050 Zürich
E-Mail: info@oeschverlag.ch
Telefax 0041/44 305 70 66 (CH: 044 305 70 66)

Programminfos:
www.oeschverlag.ch
www.joppverlag.ch

Inhalt

Einleitung

Schreien, verlieren, beherrschen – fast zwangsläufig denken wir bei diesen Schlagwörtern im Titel an hochrangige Politiker oder Wirtschaftsbosse, die mühsam Machtgesten eingeübt haben, um sich wirkungsvoll in Szene zu setzen. Doch allen Assoziationen zum Trotz: Die Hauptakteure unseres Buches sind weniger jene »hohen Tiere« als vielmehr wir »kleinen Fische«. Denn nicht nur am Rednerpult im Bundestag oder auf der Aktionärsversammlung eines Unternehmens wird die Stichhaltigkeit so mancher Aussage mit einer dominanten und manchmal verletzenden Körpersprache flankiert. Auch bei der leidigen Diskussion um den Abwasch oder dem Streit um die Haare im Bad werden schlagkräftige Argumente allzu häufig mit nonverbalen Signalen der Dominanz und Macht unterstrichen:

- Wir heben die Stimme und senden mit unserer Lautstärke Drohsignale aus.
- Wir machen uns größer und stemmen die Hände in die Hüften, um unseren Konfliktpartner zu beeindrucken und abzuschrecken.
- Wir werfen verächtliche Blicke, denn »Blicke können töten«.
- Wir verkleinern den Abstand und treten dem Gegenüber so nahe, daß dieses verunsichert wird.
- Wir hauen mit der Faust auf den Tisch und wollen mit diesem Schlag nicht nur unsere geballte Energie unter Beweis stellen, sondern den Kontrahenten zusätzlich einschüchtern.
- Wir fuchteln mit dem gestreckten Zeigefinger dicht vor des-

sen Nase herum und demonstrieren damit, daß wir den Konfliktgegner am liebsten durchbohren würden.
- Und wir verschränken schützend die Arme vor unserer Brust, sobald uns jener mit seinen »Vorwürfen« in die Defensive treibt.

Bei aller scheinbaren Sachlichkeit der Konfliktaustragung kämpfen wir in unseren Streitereien immer auch auf einer körperlichen Ebene um Sieg oder Niederlage. Je eskalierter und emotionsgeladener eine Auseinandersetzung ist, desto schwerer wiegt die Rolle des Körpers für deren Verlauf und Ausgang: Ein großer und kräftiger Mann vermag allein mit seiner körperlichen Übermacht einer kleinen und schmächtigen Person – egal ob Frau oder Mann – so zu imponieren, daß diese in einem Streit schnell klein beigibt und ihre Interessen denjenigen des überlegenen Gegners unterordnet. Und selbst die zierlichste Frau ist ihrem kleinen Sprößling körperlich so weit überlegen, daß sie diesem gegenüber ihre Größe als Drohgebärde einsetzen kann, wenn es gilt, im Konfliktfall den aufmüpfigen Kleinen zu deckeln.

Im Klartext: Niemand von uns kann sich davon freisprechen, den eigenen Körper als Waffe zu benutzen. Niemand von uns kann leugnen, mit der Körpersprache auch Druck und Macht auszuüben. Oftmals überschreiten wir – ohne daß uns die eigenen Verhaltensweisen verletzend vorkommen müssen – die Grenzen unserer Mitmenschen. Da jene uns unsere Grenzübertritte nicht immer eindeutig zurückspiegeln, wundern wir uns über die Feindseligkeit, die die gegenseitige Kommunikation prägt ...

Die Verwendung von Dominanzsignalen schafft Distanz. So manche Beziehung wird vergiftet, wenn jemand seine Mitarbeiterinnen und Mitarbeiter, Freundinnen und Freunde, Partnerinnen oder Partner immer wieder von oben herab behandelt und sich nonverbal als Chef aufspielt:

- Der Lehrer beugt sich von hinten über die Schulter des Schülers und malt in dessen Bild hinein.
- Die Chefin betritt das Büro ihrer Angestellten, ohne anzuklopfen.
- Die Mutter verdreht im Beisein ihrer Tochter die Augen, während diese von ihren Problemen mit Jungen erzählt.
- Der Vorgesetzte wird laut und ausfallend, sobald ein Mitarbeiter ihm widerspricht.
- Der Mann an der Theke stiert auf den Körper der Frau, die neben ihm steht.
- Eine Verkäuferin »übersieht« einen Kunden und läßt ihn warten, weil sie noch mit ihrer Kollegin über den letzten Betriebsausflug tratschen möchte.
- Der Ehemann blättert in der Zeitung, während seine Frau ihm von ihrem Tag berichtet.
- Ein Mann berührt scheinbar beiläufig eine ihm fremde Frau in der U-Bahn.

Jede der beschriebenen Verhaltensweisen stellt eine Verletzung dar. Doch statt uns der Übergriffe zu erwehren, fressen wir allzu häufig den Ärger in uns hinein und ducken uns weg: Wir senken verschämt den Blick, werden kleinlaut und beschwichtigen uns selbst, indem wir sagen: »Was hätte ich denn machen sollen? Das hat der doch sicher nicht so gemeint. Und außerdem war es ja gar nicht so schlimm …« Der Grad der eigenen Verletztheit wird heruntergespielt. Wir machen uns zum Opfer und lassen die jeweiligen Konfliktpartner gewähren – wieder und wieder.

Um Ihnen für die Bewältigung solcher Situationen Hilfestellungen geben zu können, werden wir zunächst anhand zahlreicher Alltagssituationen die nonvberbalen Signale der Macht und Dominanz, aber auch der Ohnmacht analysieren. Wir drehen während eines Streits um die Haare im Bad einfach mal den Ton ab und schauen uns die körpersprachlichen Signale des Drohens und Verletzens in aller Ruhe an. Wir betrachten Werbefotos und Schaufensterpuppen unter geschlechtsspezifischen Machtaspekten, durchleuchten die Körpersprache von Komikern, unternehmen einen Gang durch die Fußgängerzone und analysieren die Laufwege von Passanten unter dem Aspekt von Dominanz und Unterwerfung. Wir schauen genauer hin, wie sich Chef und Angestellte ohne Worte mitteilen, wer »das Sagen« hat und wer »hörig« ist. Wir untersuchen die Körpersprache von Machos, die sich im Streit aufpusten, wir zeigen, daß »Coolness« eine nonverbale Waffe sein kann, und wir decken auf, welche Signale Opfer aussenden, um sich wegzuducken. Dabei wird so mancher Blick, so manches Lächeln, so manche Haltung oder so manche Geste, die Sie bisher vielleicht als harmlos eingestuft haben, vor dem Hintergrund einer Betrachtung unter Dominanzaspekten in einem neuen Licht erscheinen. Am Schluß geben wir Ihnen noch einige Anregungen, wie Sie durch eine partnerschaftliche Kommunikation einen intensiveren und direkteren Zugang zu Ihren Mitmenschen erreichen und sich der allzu dominanten Körpersprache Ihrer Mitmenschen erwehren können.

Wir haben das Rad der Körpersprache nicht neu erfunden! Einerseits stützen wir unsere Thesen und Aussagen über den Zusammenhang von Körpersprache und Dominanz auf viele Untersuchungen, die seit Jahrzehnten von Psychologen, Anthropologen oder Sozialwissenschaftlern zu diesem Thema durchgeführt wurden. Andererseits haben wir durch unsere langjährige berufliche Tätigkeit als Schauspieler bzw. als Kunst- und Theaterpädagogin einen systematischen und praktischen Einblick in die nonverbale Kommunikation gewinnen können. Schließlich und vor allem basieren unsere Gedanken und Theorien auf Beobachtungen und Erfahrungen, die wir in unseren Seminaren mit den unterschiedlichsten Teilnehmerinnen und Teilnehmern aus den verschiedensten Berufszweigen sammeln durften. Allen, die uns in Körpersprachen-, Konflikt-, Verkaufs-, Führungs- oder Kreativitäts-Workshops durch kritische Anmerkungen und ihren Mut zu Übungen und Rollenspielen geholfen haben, dieses Buch zu schreiben, möchten wir an dieser Stelle herzlich danken.

Bestimmt haben Sie unser Buch bereits durchgeblättert, um sich einen ersten Eindruck zu verschaffen. Vermutlich sind Sie mit Ihren Blicken auch an den Zeichnungen von Mona Sabine Meis hängen geblieben. Diese »Scribbles« sind – ähnlich wie Schnappschüsse bei der Fotografie – zeichnerische Momentaufnahmen von realen Situationen im Cafe, in der Bahn, im Kaufhaus, auf dem Amt oder in der Fußgängerzone. Es handelt sich gewissermaßen um Beobachtungsnotizen. In einigen Fällen illustrieren sie den Text, in anderen stehen sie eher in einem losen und assoziativen Zusammenhang zum jeweiligen Inhalt. Manche »Scribbles« regen einfach nur zum Schmunzeln an, einige schaffen eine humorvolle Distanz zur gar nicht so witzigen Realität, und andere laden dazu ein, den Blick für unsere nonverbalen Signale zu schärfen. In jedem Falle aber sollen die Zeichnungen Lust machen, genauer auf die Körpersprache unserer Mitmenschen zu achten.

In diesem Sinne wünschen wir Ihnen viele erhellende Momente und vor allem: viel Spaß beim Schauen und Lesen.

Das Spiel um die Macht

(Körper-)Sprache und kommunikativer Status

Wir alle kennen Menschen, bei denen wir das Gefühl haben, daß sie uns »von oben herab« behandeln. Wir bezeichnen diese Personen als »hochnäsig«, womit wir zum Ausdruck bringen wollen, daß sie ihre Nase hoch tragen und dadurch auf uns herabschauen. Andere Menschen wiederum empfinden wir als »unterwürfig«, und wir vermissen bei ihnen eine partnerschaftliche Kommunikation. Wenn wir gefragt werden, wie wir uns eine Kommunikation unter Freunden vorstellen, dann antworten wir: »Auf Augenhöhe.«

Diese Beispiele belegen, daß unsere Körpersprache in kommunikativen Situationen nicht nur unsere Gedanken und Gefühle offenbart, also »Spiegel der Seele« ist:

Körpersprache sendet immer – ob gewollt oder ungewollt – Hierarchie-Signale aus.

Wir können also jede kommunikative Situation auf mögliche nonverbale Zeichen von Machtbildung hin untersuchen: Gibt es Dominanzen? Wenn ja, welcher Kommunikationspartner wirkt überlegen, welcher unterlegen? Welche Körpersignale deuten auf Hierarchieunterschiede hin? Wird um diese Hierarchien gekämpft, oder werden sie von beiden Parteien stillschweigend anerkannt? Möglich ist auch, daß sich zwei Personen wie gleichberechtigte Kommunikationspartner begegnen und behandeln. Welche nonverbalen Signale deuten in diesem Falle auf die Partnerschaftlichkeit hin? Wir werden in den folgenden Kapiteln einen Begriff verwenden, der bei der Untersuchung des Zusammenhangs zwischen Körpersprache und Hierarchie von zentraler Bedeutung ist: **kommunikativer Status.** Wir fragen: Wer nimmt, hierarchisch betrachtet, in einer kommunikativen Situation welchen Status ein?

- Wenn zwei oder mehrere Personen aufgrund ihrer verbalen und nonverbalen Signale in einer kommunikativen Situation gleichberechtigt wirken, dann nehmen sie den gleichen kommunikativen Status ein – sie kommunizieren auf Augenhöhe.
- Ist eine Person dominant, hat sie einen höheren kommunikativen Status als ihr Gesprächspartner, der einen vergleichsweise niedrigen kommunikativen Status einnimmt.

Der **kommunikative Status** ist demnach nicht zu verwechseln mit dem **sozialen Status** einer Person. Dieser orientiert sich in unserer Gesellschaft an Erfolg, Prestige und vor allem Geld. So hat ein Bankdirektor einen im Vergleich zu seinem Chauffeur sehr hohen sozialen Status. Das bedeutet aber nicht, daß er dadurch in jeder Gesprächssituation auch automatisch den höheren kommunikativen Status haben muß.

Zur Erläuterung des Unterschieds zwischen sozialem und kommunikativem Status beobachten wir einmal ein Gespräch, das ein Chef während einer Mittagspause mit seinem Chauffeur führt:

Chauffeur: »Also, das sage ich Ihnen klar: Der Alonso ist besser als Schumi. Der ist über Jahre hinaus unschlagbar.«

Direktor: »Ja, aber, also ich kenn' mich nicht so aus, aber der Schumacher ist doch kein schlechter Fahrer, oder? Ich meine, ähm, Chancen hat der doch vielleicht auch, noch einmal –«

Chauffeur: »Quatsch, vielleicht kann der noch mal ein Rennen gewinnen, aber niemals die Weltmeisterschaft. Dafür ist der zu alt. Lassen Sie sich das gesagt sein!«

Direktor: »Wie meinen Sie das, der ist zu alt? Also, ich finde mit Mitte oder Ende dreißig gehört man doch nicht zum alten Eisen. Der hat doch noch Chancen, oder?«

Chauffeur: »Unsinn. Im Leistungssport ist das eben so. Der Alonso und der Raikkönen sind einfach hungriger. Die machen das. Jede Wette!«

Direktor: »Sie müssen es ja wissen, ich meine, ich habe da nicht soviel Ahnung wie Sie. Wenn Sie das sagen, dann –«

Chauffeur: »Da bin ich mir sicher. Und nicht nur ich sage das. Das sagen alle, die etwas von Formel 1 verstehen. Können Sie sich drauf verlassen. Die ›jungen Wilden‹ fahren den Schumi an die Wand!«

In diesem Pausengespräch hat die Person mit dem niedrigen sozialen Status – der Chauffeur – das Sagen. Er nimmt eindeutig den höheren kommunikativen Status im Vergleich zu seinem Chef ein und dominiert die Unterhaltung. Er sagt unmißverständlich: »Bei allen Fragen der Formel 1 bin ich der Boß!« Da er für sich in Anspruch nimmt, recht zu haben, unternimmt er den Versuch, seinem Chef nachzuweisen, daß dieser »falsch liegt«.

Bevor wir den kommunikativen Status der beiden Akteure näher betrachten und unter verbalen wie nonverbalen Aspekten analysieren, möchten wir ein Modell vorstellen: die **Status-Wippe.** Der Regisseur Keith Johnstone hat sie verwendet, um mit ihrer Hilfe seinen Schauspielern nicht nur kommunikative Statusunterschiede anschaulich vor Augen zu führen, sondern auch, um den Grad des Hierarchiegefälles innerhalb einer Theaterszene an der jeweiligen Wipp-Position illustrieren zu können:

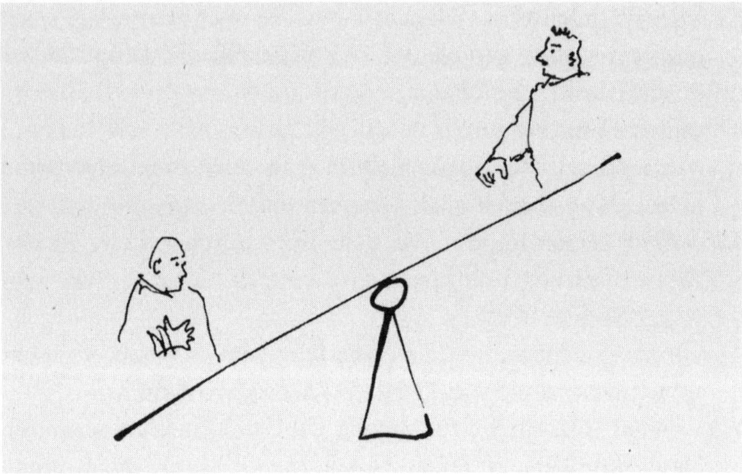

Bei einer partnerschaftlichen Kommunikation ist die Wippe ausbalanciert. Wenn jedoch eine Person den höheren kommunikativen Status in einem Gespräch einnimmt, befindet sie sich in der oberen Wipp-Position, ihr unterlegener Partner dementsprechend in der unteren.

Kommunikativer Hochstatus

In dem Gespräch über die Formel 1 befindet sich der Chauffeur in einem deutlichen kommunikativen Hochstatus, der Chef im Tiefstatus. Die Wippe ist aufgrund des ausgeprägten Statusgefälles extrem geneigt.

Beginnen wir mit der Analyse der verbalen Ebene der Kommunikation:

Selbsterhöhung

Der Chauffeur spricht in deutlichen und markanten Sätzen, die keinen Zweifel an der Richtigkeit seiner Aussagen zulassen: »…

das sage ich Ihnen klar«, »lassen Sie sich das gesagt sein«, »da bin ich mir sicher« oder »Können Sie sich drauf verlassen.« Mit diesen Phrasen bringt der Chauffeur seinen Anspruch auf Dominanz in Sachen Formel 1 unmißverständlich zum Ausdruck. Mittels einer geschickten Wortwahl suggeriert er, unumstößliche Wahrheiten statt subjektiver Einschätzungen zu verkünden: »Ich bin auf diesem Gebiet Experte. Was ich sage, stimmt! Ich verkünde Wahrheiten statt Meinungen!«, so lautet die heimliche Botschaft des Chauffeurs.

Mit anderen Worten: Der Chauffeur hebt den eigenen kommunikativen Status durch verbale Mittel der Selbsterhöhung an – er macht sich durch Selbstdarstellungen, Angebereien oder Prahlereien größer.

Fremdherabsetzung

Mit Ausdrücken wie »Quatsch« oder »Unsinn« bringt er gleichzeitig zum Ausdruck, daß er die Kompetenz seines Chefs in Fragen der Formel 1 in Zweifel zieht. Die heimliche Botschaft lautet demnach nicht nur: »Ich bin der Fachmann«, sondern auch: »Sie haben keine Ahnung!« Der Chauffeur betreibt verbale Fremdherabsetzung und macht dadurch seinen Gesprächspartner kleiner; er deckelt seinen Chef.

Folglich können wir zwei verbale Möglichkeiten unterscheiden, die Wipp-Position so zu verändern, daß wir in den höheren kommunikativen Status gelangen:

Um den eigenen kommunikativen Status zu erhöhen, setzen wir die Kraft bei uns selbst an und machen uns größer, und/oder wir machen durch Druck die andere Person kleiner.

Durch Selbsterhöhung (= Darstellung eigener Überlegenheit) wollen wir unser Gegenüber so beeindrucken, daß dieses uns zustimmt oder gar nach unseren Interessen handelt. Bei der

Fremdherabsetzung wollen wir den Druck dadurch erhöhen, daß wir die andere Person erniedrigen, einschüchtern und manchmal sogar verletzen.

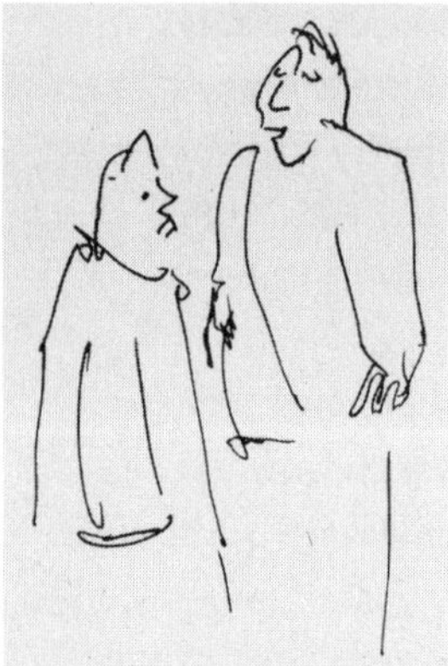

Verlassen wir die Analyse der verbalen Kommunikation, und übertragen wir die Prinzipien der Wippe auf die Ebene der Körpersprache:

- Der Chauffeur spricht mit lauter Stimme. Er richtet sich während seiner Statements über die Formel 1 auf seinem Stuhl auf und blickt seinem Chef tief in die Augen. Seine Gestik ist energisch und raumgreifend. Er benutzt eine auf Körperkraft hinweisende Körpersprache, um einerseits seinem Chef nonverbal zu drohen und anderseits symbolisch auf seine innere Kraft zu verweisen.
- Bei den Einwürfen seines Chefs wirft der Chauffeur verächtliche Blicke in dessen Richtung, schüttelt verständnislos den Kopf, verdreht die Augen und wischt mit wegwerfenden Handbewegungen die Argumente seines Vorgesetzten vom Tisch. Er setzt ein höhnisches Lächeln auf und fällt seinem Chef wiederholt ins Wort.

Die Analyse der nonverbalen Hierarchiesignale deckt sich mit den Erkenntnissen, die wir aus der Betrachtung der verbalen Ebene der Kommunikation gewonnen haben: Der Chauffeur bedient sich – vermutlich unbewußt – der Körpersprache der Dominanz, um seinen Argumenten Nachdruck zu verleihen und seinen Chef einzuschüchtern. Ihm scheint es sehr wichtig zu sein, in Fragen der Formel 1 gegenüber seinem Direktor das letzte Wort zu haben. Er möchte, daß dieser den eigenen Standpunkt aufgibt und sich statt dessen seiner Meinung anschließt. Der Chauffeur kämpft hartnäckig um seinen kommunikativen Hochstatus. In diesem Gespräch will er der Boß sein.

Kommunikativer Tiefstatus

Wie agiert der Bankdirektor in dem Dialog? Hält er dagegen, oder ordnet er sich unter? Nimmt er den Kampf um die Wortführerschaft auf, oder überläßt er seinem Angestellten kampflos das Feld? Untersuchen wir die verbalen Aussagen des Direktors in dem Pausengespräch:

Selbstherabsetzung

Der Direktor macht sich selbst kleiner, indem er sagt: »Ich meine«, »ich finde«, »oder?« und auch »Ich kenn' mich nicht so aus.« Statt einen klaren Standpunkt zu vertreten, relativiert er seine Aussagen. Er macht immer wieder die Subjekthaftigkeit seiner Äußerungen deutlich. Der Chef drückt seine Meinungen so vage aus, daß diese von seinem Angestellten nicht als Stellungnahme oder gar Kampfansage mißverstanden werden können. Er möchte vermeiden, daß sein Chauffeur durch offenen Widerspruch oder klare Statements zu weiteren Angriffen provoziert werden könnte. Also signalisiert er seinem Angestellten die Anerkennung der Hierarchie in Sachen Formel 1, indem er die heimliche Botschaft sendet: »Ich bin dir auf diesem Fachgebiet unterlegen. Bitte nagel mich nicht auf meiner Meinung fest. Bei dem geringsten Gegenangriff werde ich meinen Standpunkt sofort räumen und dir recht geben. In Fragen der Formel 1 fühle ich mich dir nicht gewachsen.« »Ducken zwecks Besänftigung«, so lautet die Devise des Chefs.

Fremderhöhung

Gleichzeitig hebt der Direktor den Status seines Chauffeurs an, indem er sagt: »Sie müssen es ja wissen«, »wenn Sie das sagen« oder »ich habe da nicht soviel Ahnung wie Sie.« Der Chef gibt die Überlegenheit seines Chauffeurs unumwunden zu. Er betreibt Fremderhöhung, indem er den kommunikativen Status des Chauffeurs anhebt. Er macht seinen Chauffeur größer und kommuniziert die heimliche Botschaft: »Du hast das überlegene Wissen und bist auf diesem Gebiet dominant. Ich werde nicht gegen dich kämpfen. Daher brauchst du mich nicht weiter in die Enge zu treiben oder mich gar zu verletzen.

Demnach können wir auch beim Tiefstatus zwei Möglichkeiten unterscheiden, in die unterlegene Position zu gelangen: Bei der Selbstherabsetzung setzen wir den Hebel bei unserem Status an und machen uns kleiner. Wir ducken uns weg. Die Selbstherabsetzung dient der Beschwichtigung. Zusätzlich läßt sich der Druck auf den Konfliktpartner, sich möglichst wohlwollend und nicht verletzend zu verhalten, durch Fremderhöhung potenzieren. Wird der Konfliktpartner auf einen Sockel gehoben und die Hierarchie unmißverständlich anerkannt (»Wenn Sie das sagen ...«), gibt es für diesen keinen Grund für Angriffe.

Ein Tiefstatus wird erreicht, indem man sich selbst kleiner und/oder den Kommunikationspartner größer macht.

Auch auf der Ebene der Körpersprache lassen sich beim Chef Signale der Selbstherabsetzung und Fremderhöhung beobachten:

- Der Chef spricht mit relativ leiser und vorsichtiger Stimme. Er zieht den Kopf leicht ein und sitzt mit gebückter Haltung am Tisch. Dem Blick des Chauffeurs weicht er aus.
- Der Chef blickt seinen Angestellten von unten her an und nickt wiederholt zustimmend mit dem Kopf. Er benutzt die Symbolik der bewundernden Körpersprache.

Damit die Geschichte ein realistisches Ende hat, lassen wir zum Abschluß den kommunikativen Status kippen:

Chef: »So, mein lieber Chauffeur und Formel-1-Experte – die Pause ist zu Ende. Genug über den Rennsport. Bitte seien Sie gleich mit meinem Auto pünktlich um 15 Uhr am Haupteingang. Vollgetankt und gewaschen, versteht sich.«

Chauffeur: »Klar, Chef. 15 Uhr Haupteingang.«

Der Bankdirektor wechselt durch das Erteilen von Anweisungen vom kommunikativen Tief- in den Hochstatus. Dabei richtet er sich auf und spricht mit lauter und klarer Stimme. Der Chauffeur wiederum drückt den eigenen Wechsel vom Hoch- in den Tiefstatus durch die widerspruchsfreie Entgegennahme des Befehls aus. Körpersprachlich wechselt er in eine Art »Hab-acht-Stellung«. Dadurch entspricht der kommunikative Status wieder dem sozialen – der Chef »hat das Sagen«, und der Chauffeur ist »hörig«.

Fassen wir das Modell der Status Wippe kurz zusammen:

- Die **Selbsterhöhung** dient der Anhebung des eigenen kommunikativen Status. Deren Mittel können sein: Angeberei, Prahlerei und Selbstdarstellungen, aber auch körpersprachliches Imponiergehabe und Drohgebärden.
- Die **Fremdherabsetzung** dient der Senkung des fremden kommunikativen Status. Deren Mittel können sein: Mobbing, Beleidigungen, Zynismus und spöttische Bemerkungen, aber auch spöttisches Lächeln, wegwerfende Handbewegungen, Übergriffe im Territorialverhalten oder verächtliche Blicke.
- Die **Selbstherabsetzung** dient der Senkung des eigenen kommunikativen Status. Mögliche Mittel sind: verbale Relativie-

rungen (»eigentlich«, »vielleicht«, »äähh«, »ich meine«), leise Stimme, gebückte Haltung, unsicheres Lächeln oder flüchtendes Blickverhalten.

- Die **Fremderhöhung** dient der Hebung des fremden kommunikativen Status. Mittel sind: »schleimen«, nach dem Mund reden, »Dackelblick«, zustimmendes Kopfnicken oder auch die stillschweigende Akzeptanz von invasivem Territorialverhalten.

Wir wollen es hier bei dieser vorläufigen Aufzählung der verbalen und nonverbalen Mittel der Statushebung und -senkung bewenden lassen. In den folgenden Abschnitten werden wir die Körpersprache detaillierter unter Status-Gesichtspunkten beleuchten: Welche körpersprachlichen Signale kommunizieren Hoch-, welche Tiefstatus? Wie trägt die Körpersprache zur Hierarchiebildung bei? Welche Verletzungen können durch körpersprachliche Äußerungen hervorgerufen werden? Welche Körperstrategien verwenden wir beim Streiten, und wie können sich diese auf den weiteren Konfliktverlauf auswirken? Und natürlich wird uns am Ende dieses Buches die Frage beschäftigen, wie wir durch eine bewußte Kommunikation eine partnerschaftliche und respektvolle Ebene zu unseren jeweiligen Kommunikationspartnern herstellen können.

»Echt cool, ey!«

Coolness, Körperspannung, Dominanz und Konflikt

Beginnen wir unsere Betrachtungen der verschiedensten Aspekte dominanten Verhaltens mit einem Beispiel, das viele von Ihnen auf den ersten Blick vermutlich nicht mit diesem Thema in Verbindung bringen: Coolness. Was hat die inszenierte Lockerheit mit Dominanz zu tun? Mehr als Sie glauben, wie unser kleiner Streifzug durch die unterschiedlichen Formen und Ausprägungen von Coolness und Lockerheit zeigen wird. Richten wir unser Augenmerk daher zuerst auf die Personen, die wir direkt mit dem Wort Coolness assoziieren: männliche Jugendliche.

Die Zeiten der hautengen Jeans, in die man sich nur mit einem relativ hohen Kraftaufwand hineinzwängen, aus denen man sich aber kaum wieder herausschälen konnte, sind (vorübergehend?) vorbei. Seit einigen Jahren hängt der Schritt der ausgebeulten Hosen in den Knickehlen der Jugendlichen. Die Bewegungsmuster haben sich der Kleidung angepaßt – oder umgekehrt: Mit lässigen, entspannten und beinah tappsigen Bewegungen schlendern die meist männlichen Jugendlichen durch die Welt. Die Oberkörper wiegen so arg hin und her, daß es fast den Anschein hat, die Jugendlichen gerieten bei der nächsten Biegung aus dem Gleichgewicht. Besonders in schulischen Zusammenhängen schlägt die Entspanntheit und Coolness gar um in phlegmatische Spannungslosigkeit. Nichts, aber auch gar nichts haben diese coolen Bewegungsmuster gemeinsam mit der angespannten Haltung machistischer Muskelprotze aus den »Muckiebuden«.

Doch so schlürfend, tappsend und scheinbar spannungslos

diese Jugendlichen auch daherkommen mögen – hinter ihren coolen Bewegungsmustern steckt ein ausgeklügeltes System der Darstellung von männlicher Überlegenheit. Die Inszenierung von Coolness verdient eine nähere Betrachtung und Analyse – zumal sie mit Variationen auch in der »uncoolen« Welt von uns Erwachsenen auftaucht. Aber dazu später.

Schauen wir uns erst einmal die Welt der coolen Jungs an, und betreten wir ein Klassenzimmer. Ein Schüler – nennen wir ihn Sascha – flezt sich im Unterricht entspannt auf seinen Stuhl. Mit seinem Allerwertesten droht er fast von der Stuhlkante zu rutschen – wäre da nicht der leere Stuhl seiner kranken Mitschülerin, auf dem sich Sascha mit seinen Füßen abstützt. Von einer schlafenden Stellung in einem Bett unterscheidet sich diese Sitzhaltung nur insoweit, als Sascha noch knapp über sein Pult zur Tafel blicken kann. Dort kann er mit dem Rest seiner Aufmerksamkeit schemenhaft einen Lehrer wahrnehmen, der sich abmüht, einen spannenden Unterricht abzuliefern.

Sascha sendet mit seiner coolen Lockerheit – gewollt oder ungewollt – dem Lehrer und seinen Mitschülern die heimliche Botschaft: »An meiner Entspannung könnt ihr sehen, daß ich den Unterricht nicht spannend finde.« Oder: »An meiner Entspannung ist ablesbar, daß ich das hier locker nehme.«
Versetzen Sie sich gedanklich in die Position des Lehrers, und Sie werden spüren, daß Ihnen angesichts der inszenierten Lässigkeit von Sascha »der Kamm schwillt«. Vermutlich werden Sie äußern, daß Sie Saschas Verhalten als unhöflich empfinden. Aber Unhöflichkeit ist ein recht schwammiger Begriff, wenn es gilt, körpersprachliche Verhaltensweisen zu analysieren und auf ihren provozierenden Inhalt zu untersuchen. Erst wenn wir genauer hinschauen und einige grundsätzliche Überlegungen über den Zusammenhang zwischen Körperspannung und Hierarchie hinzuziehen, können wir ermessen, warum uns die Coolness unserer Mitmenschen so oft auf die Palme bringt. Zur besseren

Erläuterung ziehen wir ein Beispiel aus einem ganz anderen – scheinbar uncoolen – Bereich hinzu: Die Chefetage eines Unternehmens.

Der Thron

Ein Angestellter wird von seiner Chefin zwecks Abmahnung in ihr Büro bestellt. Zum verabredeten Termin steht er vor ihrer Tür. Er klopft an, wird hereingebeten und betritt ihr Dienstzimmer. Die Chefin fordert den Angestellten auf, näher zu treten. Mit ein paar Schritten geht er zum Schreibtisch der Vorgesetzten und bleibt, da er nicht zum Platznehmen aufgefordert wurde, hinter dem dort aufgestellten Stuhl stehen. Die Chefin, die sich bisher nicht von ihrem Stuhl erhoben hat, beginnt mit ihrer verbalen Abmahnung. Während der gesamten Strafpredigt bleibt sie sitzen, während ihr Angestellter die Standpauke hinter dem Stuhl stehend über sich ergehen lassen muß.

Dieses Szenario scheint alle Regeln über den Zusammenhang von Größe und Macht auf den Kopf zu stellen: Die Chefin macht sich nicht etwa größer, um ihren Angestellten zu beeindrucken und zu verängstigen, sondern sie bleibt sitzen und wirkt dadurch kleiner als ihr stehender Mitarbeiter. Dabei müßte sie doch eigentlich ihre Überlegenheit dadurch kommunizieren, daß sie ihren Angestellten aus einer überragenden Position heraus »abkanzelt«.

Um diesen scheinbaren Widerspruch zu erklären, müssen wir die Funktion eines Throns in die Betrachtung von Größe und Macht einbeziehen: Weltliche wie kirchliche Potentaten haben sich seiner bedient, um dem Untergebenen ihre Macht zu dokumentieren. Ein Thron erlaubt dem betreffenden Machthaber eine komfortable und entspannte Sitzposition. Und seit Urzeiten gilt: Je höher der soziale Status einer Person, desto entspannter

(= luxuriöser) lebt sie. Bequemlichkeit, Luxus und die damit verbundene Entspannung sind seit Jahrtausenden Ausdruck eines hohen sozialen Status.

Kurz und bündig:

Luxus und die damit verbundene Entspannung dokumentieren Macht.

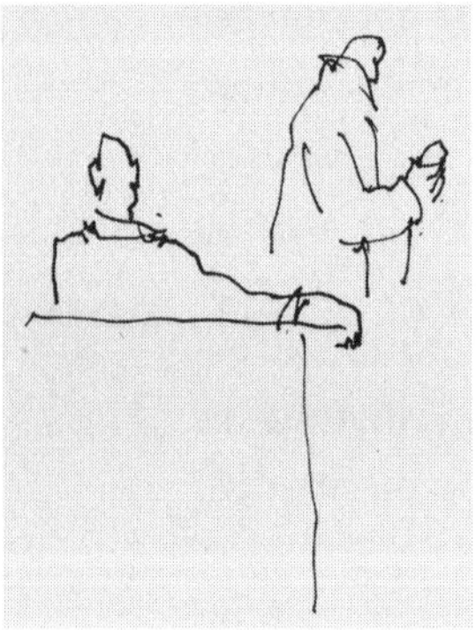

Diese Gleichung gilt auch heute noch: Die gepolsterten Sitze in den Logen der Theater und den Erste-Klasse-Abteilen der Bahn erinnern an die Throne der Potentaten – sie bieten höchsten Komfort und ermöglichen den Sitzenden eine entspannte Haltung. Werfen wir einen Blick in die Büros der Mächtigen: Die »hohen Tiere« sitzen auf rückenschonenden und großen Sesseln. Sie fahren Luxus-Limousinen mit bequemen und beheizbaren Sitzen, und wenn sie in einen Flieger steigen, dann nehmen sie selbstverständlich in der bequemen Business-Class Platz.

Körperspannung und Dominanz

Auf die Ebene der Körpersprache übertragen, bedeutet diese Feststellung, daß Entspannung einen hohen Status dokumentiert: Eine entspannte und bequeme Körperhaltung setzt das Gesetz **Größe = Macht** außer Kraft. Die Chefin aus unserem Beispiel muß nicht aufstehen, um ihren kommunikativen Status gegenüber dem Angestellten zu erhöhen. Im Gegenteil: Gerade dadurch, daß sie in der bequemen Sitzhaltung bleibt und den Angestellten in der unbequemen Stehposition verharren läßt,

dokumentiert sie ihre überlegene Stellung. Die Botschaft dieser körpersprachlichen Signale lautet: »An meiner lockeren Haltung erkennen Sie meinen überlegenen Status. Ich bleibe in der entspannten Position, während ich Sie dazu veranlasse, stramm zu stehen.« Die Dominanz der Chefin äußert sich durch ihre entspannten Haltungen und Bewegungen, die ihr das Sitzen ermöglicht.

Lockere Entspanntheit signalisiert Gelassenheit und Überlegenheit.

Zu ähnlichen Ergebnissen gelangen Biologen, die das soziale Verhalten von Primaten untersucht haben. Auch dort signalisieren die ranghöchsten Tiere ihre dominante Position mit entspannten Bewegungen und Haltungen. Die rangniedrigsten Tiere der Gruppe dagegen weisen im Kontakt mit ranghöheren Tieren die höchste Körperspannung auf – sie befinden sich in ständiger »Hab-acht-Stellung«. In diesem Ausdruck ist das Wort »Achtung« enthalten – also die Wachsamkeit gegenüber einer Gefahrenquelle.

Untersuchungen in Hierarchien bei Menschen haben ergeben, daß in kommunikativen Situationen die statushöheren Personen körpersprachlich entspannter sind als die rangniedrigeren. Die Begründung: Ranghöhere fühlen sich im Umgang mit rangniedrigeren Menschen sicherer, als sich diese im Kontakt mit ihren Vorgesetzten fühlen. Auch in Gruppen von formal gleichgestellten Personen konnte nachgewiesen werden, daß die jeweiligen Wortführer sich lockerer (= angstfreier) geben als diejenigen Gruppenmitglieder, die sich an ihnen orientieren. Egal, ob in einer informellen oder formalen Hierarchie:

Wer das Sagen hat, weist einen höheren Grad körpersprachlicher Entspanntheit auf als diejenigen, die »hörig« sind.

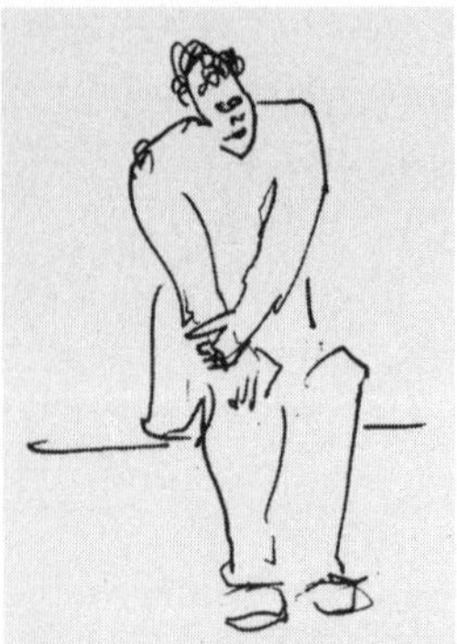

Besonders gut sichtbar wird der Zusammenhang zwischen kommunikativem Status und körperlicher Spannung bei der hierarchisch durchstrukturierten Armee: Während die Rekruten mit einer extrem angespannten Exerzierhaltung teilweise über lange Zeiträume »stramm stehen« müssen, können die Offiziere die Abnahme einer Parade mit einer relativ entspannten Körperhaltung vornehmen. Im Militär gilt die Regel: Je höher der Dienstgrad eines Soldaten, desto kürzer ist die Zeit, die dieser in einer unbequemen und angespannten Haltung verbringen muß. Umgekehrt hat ein rangniedriger Soldat in kommunikativen Situationen mit einem ranghöheren Soldat eine relativ angespannte Haltung einzunehmen. Am Grad der Körperspannung läßt sich der jeweilige Dienstgrad eines Soldaten erkennen. Ein General muß bestenfalls zu einem kurzen Gruß eine Andeutung von strammer Haltung annehmen.

Auch in anderen Zusammenhängen lassen sich diese Prinzipien der körperlichen Spannung und Entspannung in Abhängigkeit vom sozialen bzw. kommunikativen Status beobachten:

- In einer Dienstbesprechung darf sich zuerst der Vorgesetzte den obersten Knopf öffnen, die Krawatte lockern oder das Jackett ausziehen, um es sich bequem zu machen.
- Ein hochrangiger Chef hat in seinem Büro zwei Sitzgruppen: seinen Schreibtisch mit zwei Stühlen und eine bequeme Sitzgruppe um einen Tisch. Hochrangige Gäste werden als Zeichen der Anerkennung ihrer herausragenden Position in die bequemeren Sessel gebeten.

- Männermode ermöglicht ihren Trägern in der Regel ein sichereres und bequemeres Auftreten als Damenmode den Frauen. Korsetts, Röcke oder auch Stöckelschuhe schränken die Bewegungsfreiheit ein und erzwingen unbequeme und damit angespannte Haltungen und Bewegungen.
- Weibliche Körperhaltungen, die als graziös oder anmutig gelten und somit zur Attraktivität beitragen sollen, sind oft unbequem. Körperhaltungen, die als »männlich« gelten, zeichnen sich dagegen durch eine relative Entspanntheit aus.

Immer geschmeidig bleiben …

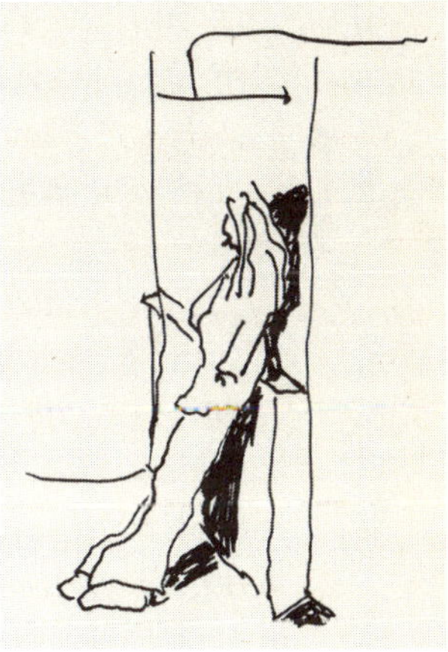

Kehren wir zurück in Saschas Klassenzimmer. Er und seine Kumpels haben – vermutlich intuitiv – den Zusammenhang zwischen Coolness und der Darstellung von männlicher Dominanz verstanden: Je lockerer und entspannter ihre Bewegungen und Haltungen sind, desto höher ist der kommunikative Status, der mit ihrer Coolness dokumentiert werden soll. In der Jugendsprache kursiert ein neuer Ausdruck, der die alten Sprüche »Entspann dich, Alter« oder »Bleib locker« ablöst: »Bleib geschmeidig!« Geschmeidige Bewegungen setzen einen entspannten Körper voraus. Ein entspannter Körper wiederum ist Ausdruck einer angstfreien und souveränen inneren Haltung.

Eine zur Schau gestellte Lockerheit soll maskuline Überlegenheit symbolisieren – entspannte Coolness gilt als Ausdruck von Dominanz.

Kein Wunder also, daß sich der Lehrer durch die »Flezhaltung« von Sascha provoziert fühlt, denn schließlich benötigt er selbst eine relative Angespanntheit, um seinen interessanten Stoff zu vermitteln. Körpersprachlich ausgedrückt sitzt Sascha entspannt auf einem Thron, während der Lehrer sich stehend abmüht, einen spannenden Unterricht durchzuführen. Die eigentliche Provokation besteht also für den Lehrer darin, daß sich der Schüler mit seiner Lockerheit statusmäßig über ihn – den eigentlichen Chef – erhebt. Die Hierarchie ist körpersprachlich auf den Kopf gestellt. Der Schüler präsentiert sich gegenüber dem Lehrer in einer dominanteren Körpersprache.

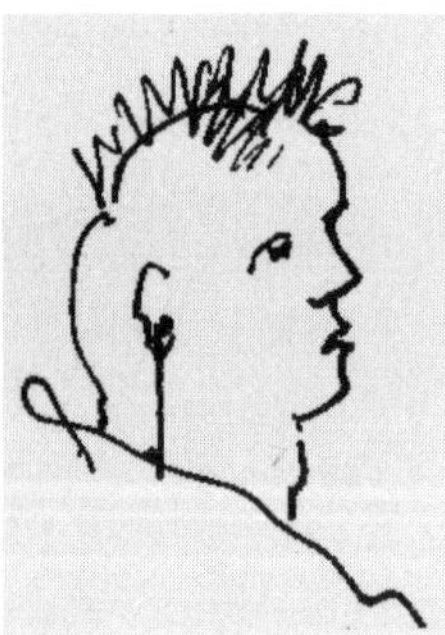

Folgerichtig fordert der Lehrer seinen Schüler auf, sich ordentlich hinzusetzen. Dieser erwidert: »Was wollen Sie denn? Ich sitz doch ordentlich. Hauptsache, ich passe auf. Der Rest sollte Ihnen doch wohl egal sein!« Und da er mit dieser Erwiderung zunächst das Oberwasser in dem Konflikt behält, bleiben seine Füße auf dem Stuhl liegen. Die absehbare Reaktion des Lehrers läßt nicht lange auf sich warten: Er fährt aus der Haut und brüllt seinen Schüler an, doch endlich »seine dreckigen Quanten vom Stuhl zu nehmen«.

Sascha reagiert: Mit einem müden Lächeln stellt er provozierend langsam und betont lässig die Füße auf den Boden. Seine scheinbare Niederlage in dem Konflikt mit dem Lehrer kann er unter dem Strich als Sieg verbuchen, denn vor seinen Mitschülern wird er in der anschließenden Pause prahlen: »Habt ihr gesehen, wie ich den Pauker auf 180 gebracht habe? Der ist hochgegangen wie eine Rakete. Der hatte richtig Schiß vor mir!« Die Explosion des Lehrers wird von allen Beteiligten als Ausdruck von Hilflosigkeit und Angst wahrgenommen.

Und mit ihrer Wahrnehmung des hilflosen Lehrers liegen die Schülerinnen und Schüler gar nicht so falsch. Wir kennen den

Ausdruck, daß jemand sehr verbissen (= angespannt) sei. Auch diesen Körperzustand belegen wir mit negativen Assoziationen: Aus Angst vor Mißerfolg und Scheitern mobilisieren verbissene Menschen ihre gesamte Willenskraft und Energie, um Dinge zu erledigen, die souveränen Menschen »locker von der Hand gehen«. Selbstzweifel führen zur Anspannung, deshalb werden Verbissenheit und Angespanntheit als Ausdruck von Angst interpretiert.

Generell gilt: Jede Form von Unsicherheit und Angst führt zur Aktivierung des Körpers und damit zur Anspannung der Muskeln. Der Körper bereitet sich angesichts der drohenden Gefahr auf Angriff oder Flucht vor. Wir kennen den Ausdruck »starr vor Angst«: Die Anspannung kann in extremen Angstsituationen so groß sein, daß sie zur Muskelstarre und damit zur Unbeweglichkeit führt. Wer sich locker und entspannt gibt, wirkt angstfrei und somit souverän.

Mit anderen Worten: Der lockere und coole Sascha ist – körpersprachlich betrachtet – dem verbissenen und explodierenden Lehrer überlegen. Sascha ist der heimliche Chef im Ring. Seine coole Gelassenheit macht ihn zum eigentlichen Sieger in dem Streit.

Auch der Lehrer hat eine ähnliche Wahrnehmung wie seine Schülerinnen und Schüler. Im Lehrerzimmer berichtet er seinen Kolleginnen und Kollegen: »Sascha hat mich mal wieder zur Weißglut gebracht.« Damit gibt er indirekt zu verstehen, daß sein Schüler die Führung in dem Konflikt inne hatte und es geschafft hat, ihn mit seiner Wut vor den Klassenkameraden vorzuführen.

Dieses schulische Beispiel verdeutlicht: Eine verbissen kämpfende Person benutzt zwar scheinbare körpersprachliche Signale der Stärke (Lautstärke, Aufrichtung, aggressive Gestik etc.), fühlt sich aber innerlich eigentlich zu klein, um im Konflikt bestehen zu können. Angst vor der drohenden Niederlage führt zur Anspannung des Körpers und zur Inszenierung von scheinbarer Stärke.

Eine aus der Haut fahrende Person wirkt angespannt und hilflos. Sie kommuniziert ihrem Kontrahenten Angst statt Selbstgewißheit – Schwäche statt Stärke.

In der Ruhe liegt die Kraft

Wie hätte der Lehrer in diesem Konflikt mit seinem Schüler ohne Status- und Autoritätsverlust agieren können? Wie kann man auf einen coolen und betont locker agierenden Jugendlichen reagieren, ohne durch allzu große Angespanntheit in die unterlegene Position zu geraten? Die Antwort kann nur lauten: Durch eine relativ ruhige, aber zugleich selbstsichere Vorgehensweise:

»Sascha, setz dich bitte aufrecht hin.«
»Wieso das denn, ich sitz doch richtig. Hauptsache ich passe auf, oder?«
»Setz dich bitte richtig hin, du kennst die Regel.«
»Pfff. Sie können mir gar nichts.«
»Klare Regel. Also bitte.«
»Ey, was soll das? Bleiben Sie mal locker.«
»Setz dich bitte aufrecht hin!« (Feste Stimme. Der Lehrer hält den Blickkontakt und bleibt präsent.)
»Nö, seh ich doch gar nicht ein.«
»Du setzt dich aufrecht hin!« (Feste Stimme.)

»Ja, ist ja schon gut.« (Der Schüler verändert geringfügig seine Position.)

»Aufrecht bitte.«

»Boh ey, mach ich doch schon.« (Der Schüler zieht sich mühsam und betont provokativ hoch.)

»Gut, und den zweiten Stuhl schiebst du bitte weg.«

»Ja, ja. Was ist denn heute mit Ihnen los?«

Der Lehrer hat seinen Status in dem Konflikt allein dadurch halten können, daß er unbeirrbar, ruhig und fest auf seinem Anspruch bestanden hat, daß sich Sascha an die vereinbarte Regel hält. Die Kraft des Lehrers beruhte weniger darauf, daß er geschickt verbal argumentiert hat, als vielmehr auf seiner nonverbalen Ausstrahlung. Mit seinem gehaltenen Blick hat er dem Schüler Entschlossenheit dokumentiert. Durch seine Präsenz hat er kommuniziert, daß er sich dem Konflikt angstfrei stellt. Mit seiner Beharrlichkeit hat der Lehrer seine innere Stärke unterstrichen, und mit seiner relativen Entspanntheit hat er dem Schüler seine Angstfreiheit gezeigt. Im Gegensatz zum Beispiel oben, in dem der Lehrer explodiert ist und damit angesicht seines coolen Schülers an Status verloren hat, hat er sich hier durch die betont lockere Art von Sascha nicht verunsichern lassen. Mit Hilfe der **Strategie der nicht eskalierenden Beharrlichkeit** ist es dem Lehrer gelungen, die Coolness seines Schülers ins Leere laufen zu lassen.

Für Außenstehende mag es befremdlich wirken, daß sich der Lehrer auf die Provokationen seines Schülers in keiner Weise eingelassen hat. Und doch hat er genau richtig gehandelt. Denn mit jeder Reaktion darauf wäre er dem Schüler auf den Leim gegangen.

Das bedeutet: Auf eine inszenierte Lockerheit kann man erfolgreich nur mit relativer Entspanntheit reagieren.

Einzig die ruhige Selbstgewißheit läßt die Waffe der Coolness stumpf werden.

In der Praxis leichter gesagt als getan. Voraussetzung für eine ruhige Vorgehensweise ist emotionale Distanz. Und nur das simultane Durchschauen der Strategie der Coolness ermöglicht diese notwendige Distanz. Daher treten Sie das nächste Mal, wenn Sie mit der Waffe der inszenierten Lockerheit konfrontiert sind, gedanklich einen Schritt zur Seite, und sagen Sie sich selbst: »Mein Kontrahent will mich mit seiner Coolness auf die Palme bringen. Diesen Gefallen werde ich ihm nicht tun. Auf seine inszenierte Lockerheit falle ich nicht rein.« Vertrauen Sie nicht auf die Kraft Ihrer Argumente, denn für die ist Ihr Gegenüber überhaupt nicht zugänglich. Vertrauen Sie auf Ihr ruhiges und selbstsicheres Auftreten.

Wir sollten also eine zur Schau gestellte Lockerheit und Coolness deutlich unterscheiden vom Zustand wirklicher Gelassenheit und Entspanntheit in einem Konflikt. Echte Entspanntheit ist keine Waffe, die den Kontrahenten verletzen und schwächen soll, sondern vielmehr authentischer Ausdruck einer inneren Haltung von Angstlosigkeit und Souveränität, bei gleichzeitiger Achtung dem Konfliktpartner gegenüber.

Eine authentische Entspanntheit im Konflikt ist im Gegensatz zur inszenierten Lockerheit für den Konfliktpartner weder herabsetzend noch verletzend.

Wer hat hier das Sagen?

Körpersprache und Dominanz in Hierarchien

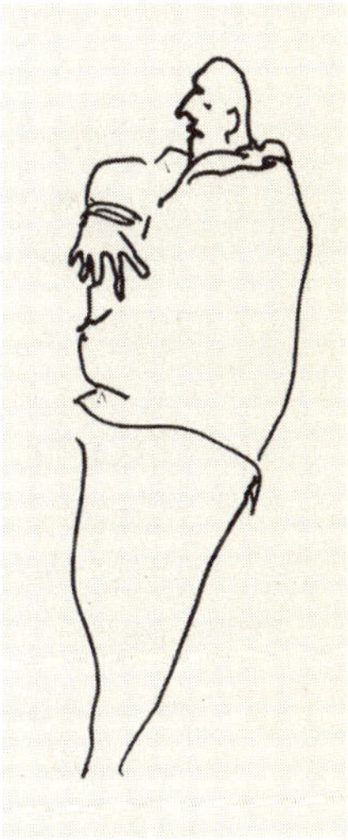

Beim Militär gibt es, was die Kommunizierung von Rangunterschieden anbelangt, kaum Mißverständnisse: In einer Kaserne weiß jeder Soldat vom Rekruten bis zum Generalstabschef bei jeder Zusammenkunft augenblicklich, welchen militärischen Dienstgrad das jeweilige Gegenüber bekleidet. Die Anzahl der Sterne oder Streifen auf den Schulterklappen, aber auch die Art der Mützen auf den Köpfen signalisieren eindeutig, wer welchen Rang bekleidet. Fragen des Austeilens und Empfangens von Befehlen sind zweifelsfrei innerhalb von Sekunden geklärt. Zudem gibt die Körpersprache – wie wir bereits gezeigt haben – eindeutige Hinweise auf den Rang der Soldaten.

In den Unternehmen, Verbänden und Behörden muß man schon genauer hinschauen, um den Rang einer Person innerhalb der Organisation anhand der Kleidung oder der körpersprachlichen Signale bestimmen zu können. Vielleicht läßt sich an der Kleidung ein Hausmeister von einem Manager unterscheiden. Aber ob es sich bei Ihrem Gegenüber um einen leitenden Angestellten oder dessen Vorgesetzten handelt, können Sie an seinem Jackett schwer erkennen. Denn der graue Anzug oder auch die Jeans sind Uniformen, die auf Sterne oder Striche zur Kennzeichnung von Hierarchieunterschieden verzichten. Zumindest auf benachbarten Hierarchiestufen fällt eine kleidungsbedingte Unterscheidung zwischen Vorgesetzten und Untergebenen schwer. Unterschiedliche Ränge innerhalb der Hierarchie werden dort eher verkörpert als bekleidet:

In Unternehmen oder Behörden kommunizieren sich die dort arbeitenden Personen mittels einer subtilen Körpersprache, wer wem vorgesetzt, unter- oder gleichgestellt ist.

Time is money

Betrachten wir die ersten 30 Sekunden einer Begegnung zwischen einem Chef und einem untergeordneten Mitarbeiter:
Ein leitender Angestellter hat seinen Chef um ein Gespräch ersucht, um mit diesem einige Dinge bezüglich seines Weiterkommens in der Firma zu bereden. Nach mehrfachen Nachfragen bekommt er schließlich einen Termin gewährt, der allerdings – so wird ihm über die Sekretärin des Chefs mitgeteilt – erst in zwei Wochen stattfinden kann.

Am Tag X steht der leitende Angestellte pünktlich zu dem vereinbarten Termin vor der Bürotür seines Chefs. Bevor er anklopft, ordnet er noch einmal schnell seine Kleidung und überprüft die Frisur. Mit einem verhaltenen Klopfen bittet er um Audienz. Anschließend wartet er auf das »Herein« des Chefs. Keine Reaktion! Nach fünf oder sechs Sekunden des Lauschens und Wartens klopft der Angestellte erneut an die Tür – nun etwas energischer. Tatsächlich: Ein paar Sekunden später vernimmt er von Drinnen das erlösende »Ja« seines Vorgesetzten. Der Angestellte öffnet die Tür, tritt ein, schließt die Tür vorsichtig hinter sich und bleibt stehen.

Nach diesen 30 Sekunden unterbrechen wir die Szene und nehmen eine kurze Analyse der Situation vor: Der Chef verfügt, das ist offensichtlich, über die Zeit seines leitenden Angestellten.

Daran scheint auf den ersten Blick nichts Ungewöhnliches zu sein. Doch wenn wir dieses Verhalten genauer betrachten, dann entdecken wir nonverbale Muster der Dominanz:

- Möchte eine rangniedrige Person einen Termin bei ihrem Chef bekommen, dann legt dieser den Zeitpunkt fest.
- Die rangniedrige Person muß pünktlich erscheinen – der Chef nicht. Eine ranghohe kann eine rangniedrige Person warten lassen – nicht umgekehrt.

Beim Warten verwandelt sich Zeit in eine Ressource, über die der gebietet, der auf sich warten läßt. Damit signalisiert die ranghohe Person der rangniedrigen: »Meine Zeit ist wertvoller als deine. Ich kontrolliere die Zeit, denn Zeit ist Macht.« Die Mächtigen teilen möglichst wenig Zeit mit Machtlosen. Rangniedrige Personen dürfen ranghohen nicht die Zeit stehlen, während das umgekehrt regelmäßig und ausdauernd vorkommt.

Je niedriger der soziale Status einer Person, desto mehr Lebenszeit muß sie mit Warten auf ranghohe Personen verbringen.

Mit jeder Minute Zeit, die eine ranghohe Person eine rangniedrige Person auf sich warten läßt, wird der Unterschied in der Hierarchie deutlicher. Rangniedrige Personen wiederum kommunizieren die Anerkennung einer Hierarchie durch ihr geduldiges Warten und dadurch, daß sie stillschweigend hinnehmen, daß ranghohe Personen den Inhalt, die Gestaltung und die Dauer der gemeinsamen Zeit bestimmen.

Das bedeutet:

- Ranghohe Personen gebieten über mehr Zeit als rangniedrige. Denn ähnlich wie Raum ist auch Zeit in unserer Gesellschaft ungleich verteilt. Nicht zufällig sprechen wir von Zeit**räumen.** Ranghohe Personen verfügen über »wertvollere« Zeit als rangniedrige Personen. Hierfür ein Beispiel: Angenommen, eine Person verdient 100 Euro pro Stunde. Wenn sie sich die Zeit eines Gärtners kaufen will, dessen Arbeitsstunde mit 25 Euro bemessen wird, kann sie sich von einer ihrer Stunden 4 Stunden Gärtnerzeit kaufen – und spart somit 3 Stunden Zeit.
- Rangniedrige Personen müssen überproportional viel Zeit ausgeben, um die Zeit ranghöherer Personen in Anspruch nehmen zu können. Befindet sich eine Person noch in der Ausbildung, dann wird ihr Verdienst pro Stunde vermutlich nicht sehr viel höher als 7 Euro sein. Ist sie für die Erledigung einer Reparatur in ihrem Haushalt auf einen Handwerksmeister angewiesen, dessen Arbeitsstunde 42 Euro kostet, muß sie 6 Stunden ihrer Zeit aufbringen, um sich eine Stunde von ihm kaufen zu können.
- Ranghohe Personen können in einem höheren Maße über ihre Zeit verfügen als rangniedrige Personen. So kann ein Direktor seine täglichen Termine selbst festsetzen – der Chauffeur bekommt sie gesetzt. Der Direktor kann in einem hohen Maße bestimmen, welche Arbeiten er innerhalb welcher Zeit verrichten möchte – der Chauffeur muß innerhalb seiner Arbeitszeit die Dienste ausführen, die ihm von seinem Chef vorgegeben werden. Ranghohe Personen kontrollieren die Zeit rangniedriger Personen.

Unter Freunden gilt die stillschweigende Vereinbarung, daß Zeit gleichmäßig verteilt sein sollte. Jede diesbezügliche Asymmetrie würde als Machtgeste verstanden und zum Widerstand der ohnmächtigen Person führen:

- Kommt ein Partner wiederholt zu einer Verabredung zu spät, fühlt sich die wartende Person herabgesetzt und mißachtet.
- Bestimmt eine Person laufend, wie die gemeinsame Zeit gestaltet wird, ruft das den Mißmut und den Widerstand des Partners hervor.
- Entsteht eine Ungleichheit, weil eine Person viel weniger Zeit in die Beziehung einbringt als der Partner, so führt das bei jenem zu Unmut und dem Gefühl der Mißachtung.

Jede Zeit-Asymmetrie in einer Freundschaft wird als einseitige Anhäufung von Macht und somit als verletzender Angriff auf die Partnerschaftlichkeit verstanden.

Kehren wir zurück zu der Szene zwischen dem Chef und seinem leitenden Angestellten, und stellen wir fest: Durch das Ausspielen der Zeit-Asymmetrie dokumentiert und festigt der Chef gegenüber dem Mitarbeiter seine übergeordnete Position. Umgekehrt kommuniziert der Angestellte durch das geduldige Warten die Anerkennung der Hierarchie. Und natürlich wird der Rangunterschied auch durch die Tatsache zum Ausdruck gebracht, daß die Besprechung in dem Zimmer des Chefs stattfindet: Der Mitarbeiter hat den Zeit- und Energieaufwand des Weges auf sich zu nehmen – nicht der Chef. Dadurch hat dieser auch den zusätzlichen Vorteil des Heimspiels, das heißt des Agierens auf bekanntem Territorium.

Visuelle Ignoranz

Setzen wir die fiktive Szene zwischen dem Mitarbeiter und seinem Chef fort. Der Angestellte bleibt, so haben wir gesagt, nach dem Betreten des Chefzimmers in der Nähe der Tür stehen und wartet auf weitere Aufforderungen seitens des Chefs. Dieser

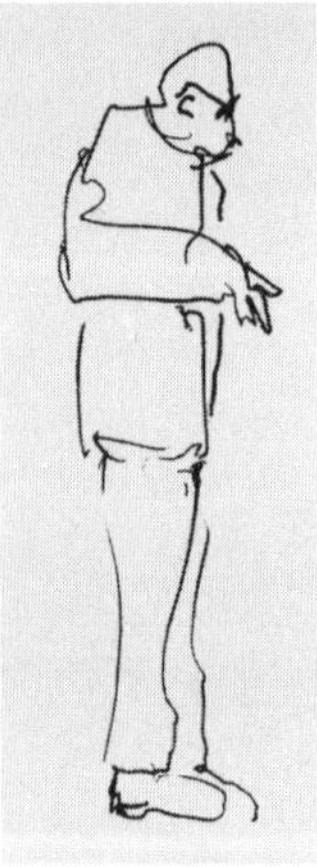

jedoch blättert in aller Ruhe in seinen Akten, würdigt den Angestellten nur eines kurzen Streifblicks und grüßt flüchtig: »Tag, Herr Maier. Moment bitte!« Weitere zwanzig Sekunden vergehen, in denen der Chef seine wichtige Arbeit fortführt und den Angestellten, der noch immer in der Nähe der Tür steht, mit keinem Blick beachtet. Endlich wirft er dem Angestellten einen erneuten flüchtigen Blick zu mit dem Satz: »Setzen Sie sich doch!« Dabei deutet er auf den Stuhl, der vor seinem Schreibtisch steht. Während der Angestellte sich dankend setzt, öffnet der Chef die Schublade seines Schreibtischs und sucht darin herum.

Der Angestellte sitzt derzeit in einer relativ angespannten Haltung so auf dem Stuhl, daß seine Beine parallel auf dem Boden stehen, er mit seinem Gesäß nur die Hälfte der Sitzfläche besetzt und die Hände zusammengefaltet auf seinem Schoß liegen (**angespannte Haltung = Tiefstatus**). Höflich wartet er darauf, daß der Chef das Gespräch eröffnet – was dieser, nachdem er endlich eine Diskette in seiner Schublade gefunden hat, einige quälende Sekunden später auch tatsächlich tut: »Nun, Herr Maier, was kann ich denn für Sie tun?«

Die zeitlichen Dominanzsignale haben wir bereits ausführlich erläutert, und auch der Zusammenhang zwischen Körperspannung und Dominanz ist in dem Kapitel über die »Coolness« schon eingehend vorgestellt worden. Wir müssen sie hier nicht wiederholen. Interessant in dieser Szene ist das Blickverhalten des Chefs: Er »übersieht« seinen Angestellten.

Das bewußte Übersehen eines Kommunikationspartners zum Zwecke der Herabstufung wird visuelle Ignoranz genannt.

Die visuelle Ignoranz ist ein uraltes Muster der Bekräftigung und Festigung von Macht. Wir kennen es in extremer Ausprägung aus traditionellen Herrscher-Diener-Verhältnissen: Die Mächtigen vergangener Jahrhunderte haben ihren Sklaven, Leibeigenen oder Dienern befohlen, immer in ihrer Nähe zu verweilen. Teilweise schliefen diese sogar in den Schlafzimmern der Herrscher, um selbst nachts stets zu Diensten zu sein. Zu diesem Zwecke mußten die Diener, die sich zwangsweise in der Intimsphäre der Herrschenden aufhielten, von ihren Herren vollständig entwertet und nicht mehr als Menschen wahrgenommen werden. Sie gehörten mit Haut und Haar dem Herrscher (Leibeigenschaft), hatten den Status eines Möbelstücks und wurden von den Herrschenden permanent »übersehen«. Die Botschaft der Herrschenden an die »unsichtbaren« Diener war: »Ihr seid Luft für mich!«

So erleben wir auch heute noch, wie ranghohe Personen in der Gegenwart von rangniedrigen Mitarbeiterinnen und Mitarbeitern aus dem Fenster schauen, in ihren Akten oder Unterlagen blättern und während eines Gesprächs scheinbar gedankenabwesend zur Seite blicken – sie praktizieren unbewußte oder bewußte visuelle Ignoranz und lassen ihre Kommunikationspartner durch die Blume wissen: »Ich habe Wichtigeres zu tun, als mich mit Ihnen zu beschäftigen. Sie stehlen mir meine Zeit und sind eigentlich Luft für mich.«

Die visuelle Ignoranz ist ein verletzendes Dominanzsignal. Sie wird von Personen betrieben, die sich ihrer Überlegenheit absolut sicher sind. Denn nur wer sich seiner Position völlig sicher ist, kann es sich leisten, den Gesprächspartner komplett

zu ignorieren. Nur wer gegenüber dem Konfliktpartner gänzlich angstfrei ist, kann die mögliche Gefahrenquelle – den Kontrahenten – außer acht lassen. Die heimliche Botschaft der visuellen Ignoranz lautet daher auch: »Ich fühle mich so sicher und unangreifbar, daß ich dich nicht einmal im Auge behalten muß. Du bist zu klein, um mich angreifen zu können. Ich bin dir haushoch überlegen.« Mit dieser versteckten Aussage wird indirekt auf ein Grundgesetz bezüglich unseres visuellen Verhaltens angespielt, das da lautet: Gefahr muß immer im Auge behalten werden.

Das bewußte Übersehen des Kommunikationspartners – die visuelle Ignoranz – signalisiert totale Angstfreiheit und Überlegenheit.

Versetzen Sie sich in die Lage des Angestellten: Vermutlich findet er das visuelle Verhalten seines Chefs befremdlich und reagiert verunsichert. Wahrscheinlich ärgert er sich sogar, frißt aber seinen Unmut in sich hinein. Und genau mit diesem Herunterschlucken seines Unmuts kommuniziert er seinem Chef – ohne sich dessen bewußt zu sein – die heimliche Botschaft: »An meinem kommentarlosen und widerstandslosen Erdulden Ihrer herabwürdigenden Machtsignale sehen Sie, daß ich die Hierarchie anerkenne. Sie sind der Boß!«

Wie würden Sie sich fühlen, wenn Ihr Partner oder Freund, während Sie ihm wichtige Dinge mitteilen, aus dem Fenster schaut, Fernsehen guckt oder in der Zeitung blättert? Sie würden sich verletzt fühlen und ihn angesichts des respektlosen Verhaltens anraunzen: »Schau mich bitte an, wenn ich mit dir spreche!« Sie leisten Widerstand gegen die Verletzung, die die visuelle Ignoranz Ihres Partners Ihnen zufügt.

Aber visuelle Ignoranz ist nicht weniger verletzend, wenn sie von Vorgesetzten – statt von Partnern – praktiziert wird. Nur die Angst vor Konsequenzen führt dazu, daß wir uns bei Führungspersonen nicht trauen, visuelle Aufmerksamkeit einzufordern. Doch der Stachel der Verletztheit sitzt tief.

Chefsache

Sie sehen: Die ersten 60 Sekunden der Begegnung in unserem Beispiel sind mit Signalen der Dominanz des Direktors, aber auch mit Signalen der Anerkennung der Hierarchie seitens des Angestellten gespickt. Jetzt werden Sie vielleicht einwenden, daß sich Chefs und ihre Untergebenen heutzutage anders verhalten als in diesem fiktiven Beispiel. In unseren Führungsseminaren machen wir jedoch andere Erfahrungen:

Die meisten Führungskräfte beanspruchen zwar für sich, einen partnerschaftlichen Führungsstil zu pflegen, doch ihre Körpersprache ist, ohne daß sie sich dessen bewußt sind, durchsetzt mit Dominanzsignalen.

- Viele Vorgesetzte betreten die Räume ihrer Angestellten, ohne vorher anzuklopfen, und verhalten sich somit invasiv.
- Vorgesetzte berühren ihre Mitarbeiter häufiger als jene ihre Chefs.
- Bei Konferenzen und Besprechungen beanspruchen die Vorgesetzten für sich räumliche Vorteile: Ihre Stühle sind bequemer, ihr Platz ist zentraler gelegen, und sie haben mehr Raum vor bzw. neben sich zur Verfügung.

- Vorgesetzte unterbrechen Untergebene häufiger in deren Redefluß, als diese es bei ihren Chefs tun.
- Höhergestellte Personen nehmen sich im Kontakt mit rangniedrigeren Mitarbeitern das Recht heraus, eine Besprechung für ein Telefongespräch zu unterbrechen.
- Vorgesetzte dürfen eine Kleiderordnung eher verletzen als Untergebene: In Konferenzen sind es zunächst die Chefs, die den Schlips lockern oder ablegen. Der Chef öffnet fraglos das Fenster, wenn es ihm zu heiß oder die Luft zu stickig wird.
- Angestellte dürfen ihre Chefs nicht im gleichen Maße kritisieren wie Chefs ihre Angestellten: Kritik ist Invasion in fremde Wissensgebiete.

Aber um nicht in den Verdacht zu geraten, auf einem Auge blind zu sein, werden wir beschreiben, wie Angestellte durch ihr nonverbales Verhalten die untergeordnete Position anerkennen:

- Keiner der Angestellten besetzt den bequemsten Stuhl in einem Teamraum oder Besprechungszimmer. Jeder wählt stillschweigend eine unbequemere Sitzgelegenheit.
- Wenn Untergebene bei einer Konferenz ein Fenster öffnen wollen, fragen sie ihre Vorgesetzten um Erlaubnis.
- Angestellte akzeptieren widerspruchslos, wenn der Chef ohne Anklopfen eintritt oder ihnen ins Wort fällt.

Die Chefs sind daher nicht einfach die Bösen, die den anderen ihre Macht aufzwingen, sondern Macht ist Ausdruck eines hierarchischen Verhältnisses, in dem die Bemächtigten ihre Macht immer wieder auch an die Bevollmächtigten abgeben. Die Körpersprache kommuniziert diese Machtverhältnisse täglich.

Das System der Höflichkeit

Hierarchisches Verhalten ist daran erkennbar, daß es nicht umkehrbar ist. Das, was die ranghohen Personen tun, dürfen die rangniedrigeren nicht kopieren: Das gleiche Verhalten, das ein Chef sich gegenüber seinem Angestellten herausnimmt, wird mißbilligt, wenn der Angestellte es sich ihm gegenüber herausnimmt. Ein Angestellter, der seinem Chef ins Wort fällt, verstößt gegen ungeschriebene Gesetze der Hierarchie.

An der Unumkehrbarkeit von Verhalten erkennen wir das darin enthaltene Machtpotential. Wir sprechen von hierarchischer bzw. asymmetrischer Kommunikation.

Umgangssprachlich werden Verstöße gegen die ungeschriebenen Gesetze der hierarchischen Kommunikation häufig mit dem Begriff »unhöfliches Verhalten« belegt. Ein Angestellter, der ohne Voranmeldung seinen Chef in dessen Büro besucht, handelt ebenso unhöflich wie ein Mitarbeiter, der sich in einem Besprechungszimmer auf den größten und bequemsten Stuhl setzt. Das Verhalten eines Chefs jedoch, der ohne Termin seinen Angestellten in dessen Büro besucht oder während einer Konferenz ungefragt das Fenster öffnet, werden die meisten von uns nicht als unhöflich bezeichnen. Aber warum kann ein und dieselbe Handlung, je nachdem, ob sie von einem Vorgesetzten oder Untergebenen durchgeführt wird, in einem Fall als unhöflich und im anderen als normal und legitim bewertet werden?

Es lohnt sich, das Wort »unhöflich« und dessen Bedeutung

einmal näher zu betrachten: »Höflich« leitet sich aus dem Wort »Hof« ab. Zu der Zeit, als nicht Direktoren, sondern Adlige das Land regierten und über die Macht verfügten, war an deren Hofe peinlich genau geregelt, wie miteinander kommuniziert werden durfte. Ein Hof war nach hierarchischen Gesichtspunkten bis in die kleinsten Details durchstrukturiert. Jeder der am Hofe Lebenden wußte genau, auf welcher Stufe der Hierarchie er stand. Aus dieser festgefügten Hierarchie leiteten sich sämtliche Kommunikationsformen ab: Wer wem wann und wie lange in die Augen schauen durfte, war ebenso vorgeschrieben wie die Tiefe des Dieners, den man gegenüber einer höhergestellten Person zu vollziehen hatte. Höflich zu sein bedeutete, die höfische Hierarchie zu beachten und sich gegenseitig auch körpersprachlich zu kommunizieren. Wer eine körpersprachliche Geste der Unterwerfung gegenüber einem Vorgesetzten unterließ, handelte unhöflich. Jeder dieser unhöflichen Verstöße gegen die Hierarchie wurde von den Vorgesetzten geahndet. Wer sich hierarchisch korrekt verhielt, war höflich.

Auch heute noch bildet die Beachtung bzw. Nichtbeachtung von Hierarchiesignalen die Basis für die Bewertung eines Verhalten als höflich oder unhöflich.

Unhöfliches Verhalten ist ein Verstoß gegen stillschweigende Gesetze der Hierarchie und kommuniziert die bewußte oder unbewußte Egalisierung bestehender Hierarchien: körpersprachliche Amtsanmaßung.

Höhergestellte Personen dürfen Dominanz-Gesten verwenden, ohne unhöflich zu wirken – Untergebene nicht.

Behandelt eine Person einen Partner, der eigentlich auf gleicher Stufe steht, von oben herab, ist auch dieses Verhalten ein Verstoß gegen das ungeschriebene Gesetz der Hierarchie: Bei dieser

Art von Unhöflichkeit handelt es sich um körpersprachliches Chefgebaren unter Freunden.

Partnerschaftlichkeit muß sich ausdrücken in symmetrischer Kommunikation.

Vor diesem Hintergrund wird deutlich, warum ein Chef seinen Mitarbeiter warten lassen kann, ohne unhöflich zu sein: Der Chef handelt – hierarchisch betrachtet – korrekt. Läßt eine Person dagegen den Freund oder Partner warten, ist dieses Verhalten unhöflich und respektlos. Die Person handelt – hierarchisch betrachtet – unkorrekt. Und ein Mitarbeiter, der den eigenen Chef warten läßt, verstößt am eklatantesten gegen bestehende Hierarchisegesetze und muß mit Konsequenzen rechnen. Zeit ist Macht!

Kommunikation mit Augenmaß

Gegen hierarchische Kommunikation ist prinzipiell nichts einzuwenden. In so mancher Konfliktsituation ist ein klares und deutliches Auftreten der Vorgesetzten notwendig, um ausufernde Diskussionen zu beenden, Entscheidungen herbeizuführen, Hierarchieunterschiede zu klären oder Anweisungen zu geben. Wir haben nichts gegen punktuelle hierarchische Kommunikation, wohl aber etwas gegen Automatismen. Oft sind wir uns unserer nonverbalen Macht- und Ohnmachtssignale nicht bewußt. Gehäuft auftretende verletzende Machtgesten können Mitarbeiter in den Widerstand oder gar die innere Kündigung treiben. Ein Chef, der einen partnerschaftlichen Führungsstil pflegen und seine Mitar-

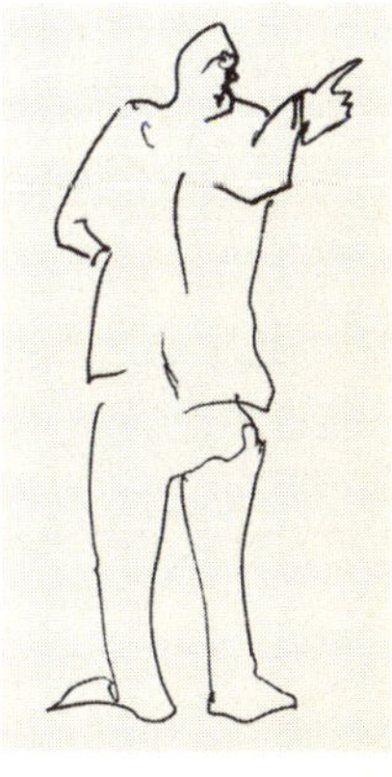

beiter zur Selbstverantwortung ermutigen möchte, darf seinen Ansatz nicht durch eine machtvolle oder gar verletzende Körpersprache konterkarieren. Er sollte sich daher seiner Machtgesten bewußt werden, um sie gegebenenfalls auch ablegen zu

können. Denn nur wenn Körpersprache und verbale Sprache kongruent sind, wirkt ein Chef in den Augen seiner Mitarbeiterinnen und Mitarbeiter glaubhaft. Nur wer sich wertschätzend seinen Mitarbeiterinnen und Mitarbeitern gegenüber verhält, kann sich erhoffen, daß jene für das Unternehmen oder die Behörde auch Werte produzieren. Verletzende Machtgesten üben Druck aus und produzieren allzu oft Widerstand – denn Druck erzeugt Gegendruck. Ein Mitarbeiter, der von seinem Vorgesetzten mit Respekt behandelt wird, gibt die erfahrene Wertschätzung an diesen in gleicher Münze zurück.

Daher trainieren wir in unseren Führungsseminaren mit den Teilnehmerinnen und Teilnehmern, wie man einen klaren Führungsstil praktizieren kann, ohne die Mitarbeiter zu erniedrigen und zu verletzen.

Der Verzicht auf eingeschliffene Machtmuster kommuniziert Respekt und Wertschätzung und untermauert eine Autorität, statt diese zu schwächen.

Aber auch für Mitarbeiterinnen und Mitarbeiter gilt: Wer von seinen Vorgesetzten respektvoll behandelt werden möchte, muß sich bei empfundenen Grenzverletzungen auch respektabel verhalten. »Katzbuckeln« und das widerspruchsfreie Erdulden von Verletzungen ist kein Verhalten, das dazu verhilft, respektvoll und wertschätzend behandelt zu werden. Wer seine Arbeit verantwortlich verrichten möchte, sollte auf entmündigendes und verletzendes Verhalten von Vorgesetzten oder Mitarbeitern auch mit Einspruch und Grenzziehung antworten.

Die widerspruchslose Akzeptanz von Invasionen begünstigt das verletzende Verhalten von Vorgesetzten.

Da wir in Hierarchien selten ganz oben oder ganz unten stehen, sind wir in der einen Situation Vorgesetzter, zwei Minuten später Untergebener und in einer anderen Situation gleichberechtigter Partner eines Teamkollegen. Achten Sie einmal darauf, wie sehr sich Ihr Status und Ihre Körpersprache verändern, je nachdem, in welcher Rolle bzw. Position Sie sind. Fragen Sie sich immer wieder: Ist mein kommunikativer Status kongruent mit meinem verbalen Verhalten und meinen Einstellungen und Werten?

Was in betrieblichen Hierarchien hinterfragt werden sollte, dürfte auch in anderen Bereichen einen kritischen Gedanken wert sein:

- Wie verhalten wir Eltern uns gegenüber unseren Kindern? Hierarchisch betrachtet sind wir deren »Vorgesetzte«. Welche Signale der Dominanz senden wir unbewußt aus, und welches Verletzungspotenzial enthalten sie?
- Wie respektvoll begegnen Pädagogen den ihnen anbefohlenen Kindern? Welche Machtgesten haben sich in deren pädagogisches Verhalten eingeschlichen, die den Kindern Entwertung statt Wertschätzung kommunizieren?
- Wie verhalten sich die Mitglieder eines Teams? Gibt es dort heimliche Hierarchien und Wortführerschaften, und werden

diese mit offenen oder verdeckten Machtsignalen kommuniziert?

Wer die Prinzipien der hierarchischen Kommunikation durchschaut hat, sollte mühelos in der Lage sein, die gewonnenen Erkenntnisse auf die eigene berufliche oder auch private Situation zu übertragen. Es gibt keine allgemeingültigen Regeln, wie Sie sich nonverbal verhalten sollen. Wir möchten Sie lediglich dafür sensibilisieren, daß Sie einerseits die Entscheidung, wie sie künftig auftreten und wirken möchten, bewußter fällen und andererseits unbewußte Macht- oder Ohnmachtsgesten vermeiden können.

Der kleine Unterschied

Männliche und weibliche Körpersprache

Bestimmt haben Sie irgendwann einmal eine der zahlreichen Verfilmungen der Geschichte von Tarzan und Jane im Kino oder Fernsehen gesehen und können sich an Szenen wie diese erinnern: Der starke, animalische und edle Tarzan umfaßt mit einem Arm die zierliche Jane, hebt sie hoch und schwingt sich trotz des zusätzlichen Gewichtes scheinbar mühelos von Liane zu Liane. Tarzan ist stark und dominant, Jane schutzbedürftig und unterwürfig.

Im Zeitalter der formalen Gleichstellung der Geschlechter und der Finanzierung von Gleichstellungsbeauftragten in Behörden und Betrieben scheinen Hierarchien wie die zwischen Tarzan und Jane überholt. Im Dschungel der Finanzen treffen wir auf Männer und Frauen, die sich nicht nur in bezug auf die Kleidung, sondern auch körpersprachlich einander angeglichen haben. Hoch- und Tiefstatus sind geschlechtsspezifisch nicht mehr so eindeutig zuzuordnen wie noch zu den Zeiten, als die Geschichte des Affenmenschen und seiner Großstadtfreundin geschrieben bzw. verfilmt wurde: Der heutige Tarzan kämpft sich nicht durch den Urwald, sondern durch das Dickicht der Aktenberge auf seinem Schreibtisch und darf deshalb körperlich durchaus schwächlich sein. Er muß weder Frauen hochheben noch sich von Liane zu Liane schwingen können, um seinen Job am Schreibtisch gut zu verrichten. Und die moderne Managerin Jane entspricht nicht mehr dem Klischee eines Weibchens, das sich von starken und animalischen Männern beschützen lassen muß. Im Gegenteil: Als Führungsperson hat sie gelernt, gegenüber Mitarbeitern oder Verhandlungspartnern dominant und resolut aufzutreten. In einer Berufswelt, in der es gilt, mit Köpfchen und Fingerspitzengefühl gegen sinkende Umsätze und fallende Börsenkurse anzukämpfen statt mit Muskelkraft gegen Säbelzahntiger, scheint die Geschlechterhierarchie aufgehoben: Tarzan und Jane begegnen sich auf Augenhöhe. Gleichstellung der Geschlechter ist das Gebot der Stunde.

Soweit der Anspruch – doch die Realität sieht anders aus: Eine Vergleichsstudie einiger europäischer Länder aus dem Jahr 2003 deckte auf, daß Deutschland das Schlußlicht bildet, was die Quote von Frauen in Führungspositionen anbelangt. Im oberen Management liegt der Anteil der Frauen bei 5 Prozent, im mittleren bei 14 Prozent und im unteren bei 19 Prozent. In den europäischen Vergleichsländern liegt der Anteil der Frauen in der unteren Management-Ebene dagegen im Durchschnitt bei 29 Prozent. Selbst ein Land wie Spanien mit seinem ausgeprägten »Machismo« hat uns punkto Gleichstellung der Geschlechter abgehängt.

Schlagen sich die noch immer bestehenden Ungleichheiten zwischen den Geschlechtern auch in der Körpersprache nieder? Sprechen Männer und Frauen tatsächlich die gleiche (Körper-) Sprache, oder werden hierarchische Unterschiede auch dadurch verkörpert, daß sich der »Herr der Schöpfung« im körpersprachlichen Hochstatus und das »schwache Geschlecht« im körpersprachlichen Tiefstatus präsentiert?

Um Gemeinsamkeiten und Unterschiede zwischen der männlichen und der weiblichen Körpersprache möglichst anschaulich vor Augen zu führen, haben wir – bewaffnet mit einem Fotoapparat – einen kleinen Spaziergang durch die Fußgängerzone einer beliebigen Großstadt unternommen. Wir haben dort aber nicht etwa lebendige Menschen fotografiert, sondern Schaufensterpuppen und Abbildungen von Models auf Plakatwänden und Schautafeln. Denn an ihnen läßt sich nicht nur die Körpersprache unter geschlechtsspezifischen Aspekten wunderbar analysieren, sondern gleichzeitig können wir aufzeigen, daß mit Hilfe körpersprachlicher Inszenierungen von Puppen und Fotos gezielt Männer- und Frauenbilder geschaffen werden, über die wiederum Produkte effizienter verkauft werden sollen.

Raumverhalten

Beginnen wir unseren Streifzug durch die City mit der Betrachtung einer männlichen Puppe, die wir im Schaufenster eines Einkaufszentrums entdeckt haben:

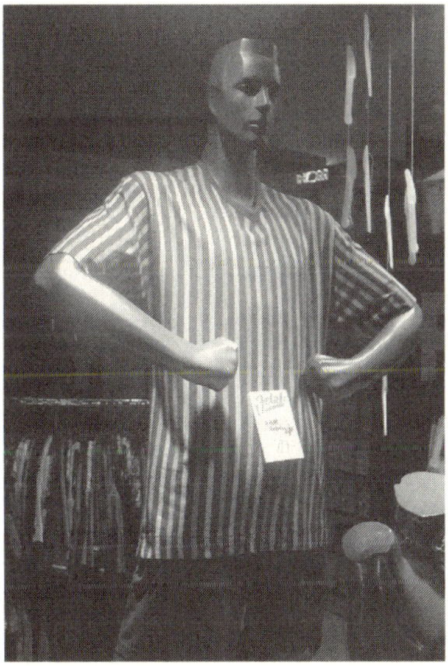

Raumgreifend, provozierend und drohend »steht die Puppe ihren Mann«. Ihre Arme sind weit ausgestellt, wodurch der Brustbereich optisch vergrößert wird. Die Puppe wirkt dominant.

Eine raumgreifende Körpersprache kennen wir auch aus zahlreichen Alltagssituationen. Gewöhnlich sind es eher Männer, die sehr viel Raum einnehmen, wenn sie sich auf einen Stuhl, eine Bank, einen Sessel, ein Sofa oder einfach auf den Boden setzen. Frauen dagegen halten – statistisch gesehen – ihre Ober- und Unterschenkel enger zusammen. Männer schlagen ihre Beine im Sitzen breit übereinander, Frauen kreuzen sie »anmutig«. Männer stellen sich breitbeinig hin, während Frauen ihre Füße in der Regel enger zusammenstellen und das Spielbein nach innen knicken. Männer halten ihre Arme weiter von ihrem Oberkörper entfernt, Frauen legen diese enger an ihren Torso an.

Männer tendieren zur körpersprachlichen Expansion und stellen damit ihre Dominanz und Überlegenheit zur Schau. Frauen – zumindest wenn sie sich am traditionellen Frauenbild orientieren – neigen zur körpersprachlichen Raumreduktion.

Bei diesen Beobachtungen handelt es sich allerdings um rein statistische Größen; nicht alle Männer agieren expansiv und nicht alle Frauen raumreduziert.

Aber warum assoziieren wir körpersprachliche Expansion – also raumgreifende Bewegungen und Haltungen – mit Dominanz? Um diese Frage zu beantworten, müssen wir den Zusammenhang zwischen sozialem Status und Verfügung über Raum betrachten.

Unsere These lautet: Je höher der soziale Status eines Menschen ist, desto größer sind in der Regel die Räume, über die diese Person verfügt. Denken Sie nur an die riesigen Villen der Reichen, und Sie haben ein plastisches Beispiel vor Augen, daß der Besitz großer Räume auch der Statusdarstellung ihrer Besitzer dient. Protz bestimmt vielfach die Bauweise großer Gebäude. Doch in der Menschheitsgeschichte hatten große Häuser zunächst eine ganz praktische Funktion: In frühester Zeit wurden Nahrungsmittelüberschüsse einer Siedlung an Orten gelagert, die allen Menschen der jeweiligen Gemeinschaft zugänglich waren. Erst viel später, nämlich zum erstenmal vor 10 000 Jahren, gab es die ersten privaten Einlagerungen von Nahrungsmitteln, wie archäologische Funde im Nahen Osten nachweisen. Ursprünglich waren es nicht mehr als kleine Ecken oder Verstecke innerhalb der Behausungen, in denen privilegierte Menschen einer Gemeinschaft ihre Nahrungsmittelüberschüsse lagerten. Doch mit zunehmder Produktivität auf der Basis von Ackerbau und Viehzucht gab es immer mehr Nahrungsmittel, die auch einzelnen Personen gehörten. Die Folge dieser beiden Entwicklungen: Die private Hortung von Lebensmitteln führte dazu, daß die Häuser der betreffenden Personen nicht nur größer und rechteckig wurden, sondern auch immer mehr in die Höhe wuchsen. Die Bewohner wohnten im ersten Stock, und die Vorratskammern wurden im Erdgeschoß untergebracht.

Mit anderen Worten: Da Reichtum in der Menschheitsgeschichte zunächst nicht in der Ansammlung platzsparender Aktien oder Geldnoten, sondern im Horten von raumbeanspruchenden Nahrungsmitteln bestand, bauten sich die Reichen vergangener Jahrtausende große Häuser bzw. ließen diese bauen.

Heute besitzt ein Direktor nicht nur eine große Villa in einer besseren Lage der Stadt, sondern verfügt selbstverständlich über die entsprechenden Angestellten, die seine großen Räume auch pflegen. Natürlich residiert er im größten Büro seiner Firma. Und seine Arbeitszimmer sind nicht nur am komfortabelsten eingerichtet, sondern liegen abgeschieden und sind, da der Weg über ein Vorzimmer mit Sekretärin führt, für andere Personen nur schwer zugänglich. Der Direktor fährt auch den größten und bequemsten Wagen, fliegt Business-Klasse und bucht bei der Bahn stets die 1. Klasse. Die Sportarten, die er betreibt, beanspruchen viel Raum: Golf oder Segeln. Auf Reisen wohnt er in riesigen Luxus-Suiten. Im Theater oder Kino sitzt er in der Loge. Auf Sitzungen und Konferenzen ist sein Platz stets auf den größten und bequemsten Stühlen. Daher gilt:

Je größer der gesellschaftliche, berufliche oder private Einfluß einer Person, desto größer und luxuriöser eingerichtet sind die Territorien, über die sie verfügt.

Männer verfügen in der Regel über größere und komfortablere Räume, während sich Frauen mit kleineren und spartanischeren begnügen: In der gemeinsamen Wohnung haben häufiger Männer als Frauen einen eigenen Raum für sich reklamiert – den Arbeitsraum oder den Hobbykeller. Männer verfügen über das dicke und fette Konto, Frauen über eine schmale Haushaltskasse. Das Auto des Mannes ist luxuriöser und größer als der Zweitwagen der Frau. Der männliche Platz am Eßtisch liegt meistens so, daß er nicht aufstehen muß, um aufzutragen. Das Zimmer des Mannes in der gemeinsamen Wohnung ist so gewählt, daß es abseits liegt.

Diese Aufzählung ist zugegeben tendenziös und provokativ und spiegelt nicht die Realität aller Partnerschaften wider. Doch sie repräsentiert leider noch immer die Mehrheit unserer Mann-Frau-Beziehungen.

Übertragen wir diese Erkenntnisse über den Zusammenhang zwischen sozialem Status und Raum auf die Ebene der Körpersprache:

Das Streben nach Dominanz veranlaßt Menschen zu raumgreifender Körpersprache; umgekehrt signalisiert eine raumgreifende Körpersprache Dominanz.

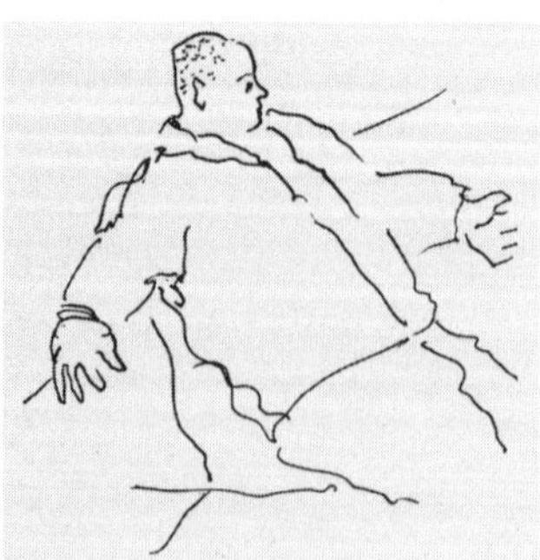

Die Gestik dominanter Personen ist ausschweifend, ihre Ellenbogen bewegen sich in einem relativ großen Abstand vom Körper. Sie besetzen ihre Stühle mit dem gesamten Gesäß. Ihre Beine sind sowohl im Stehen als auch in Sitzpositionen gespreizt, ihre Schrittlänge ist groß. Ranghohe Personen dürfen ungestraft ihre Füße auf den Schreibtisch legen. Mit ihren lauten Stimmen füllen sie jeden Raum. Selbst die Unterschrift, so haben Untersuchungen ergeben, wächst mit der beruflichen Stellung einer Person innerhalb einer Hierarchie. Verständlich, denn Schrift ist verdinglichte Bewegung.

Wohlgemerkt: Statushohe Personen tendieren dazu, dieses raumgreifende Verhalten zu zeigen – nicht alle dominanten Personen verhalten sich tatsächlich körpersprachlich expansiv. Und nicht alle Männer tendieren zu expansivem Verhalten, aber es sind – statistisch betrachtet – eher Männer als Frauen, die durch Expansion ihre Dominanz unter Beweis stellen wollen. Kein Wunder angesichts eines Männerbildes, das noch immer Durchsetzungsfähigkeit, Risikobreitschaft, Stärke und Mut als unumstößliche Leitmotive von maskulinem Verhalten festschreibt.

Dominanz ist das zentrale konstituierende Element von Männlichkeit unserer Gesellschaft.

Nicht nur bei der Expansion, sondern auch bei der Invasion – dem Eindringen in fremde Räume – handelt es sich um ein Prinzip, dessen sich vornehmlich Männer bedienen. Mit invasivem Verhalten werden nicht nur fremde Ländereien oder Staaten erobert, sondern Invasionen äußern sich auch in den vielen körpersprachlichen und körperlichen Übergriffen, die sich Männer täglich zuschulden kommen lassen:

- Mit dem anzüglichen und abschätzenden Blick werden Frauen von Männern belästigt und taxiert. Blicke sind Berührungen auf Distanz.
- Das Begrabschen und Tätscheln von Frauen ist zwar mittlerweile unter Strafe gestellt, aber noch immer millionenfach verbreitet, weil sich die Opfer häufig nicht trauen, diese als

»Kavaliersdelikte« bagatellisierten Übergriffe zur Anzeige zu bringen.

- Männer dringen, wie Untersuchungen belegen, sehr viel häufiger in den Rederaum von Frauen ein, als diese es umgekehrt bei Männern tun.
- Der sexuelle Übergriff oder die Vergewaltigung sind invasive Handlungen, mit denen nicht nur die Körper von Frauen, sondern auch deren Psyche auf massivste Weise verletzt werden.

Zusammenfassend können wir festhalten:

Expansion und Invasion sind Prinzipien, deren sich häufig Männer bedienen, um Dominanz- und Machtpositionen zu besetzen und eigene Interessen durchzusetzen.

Als Kontrast zur männlichen körpersprachlichen Expansion schauen wir uns einmal weibliche Schaufensterpuppen unter Raumaspekten an:

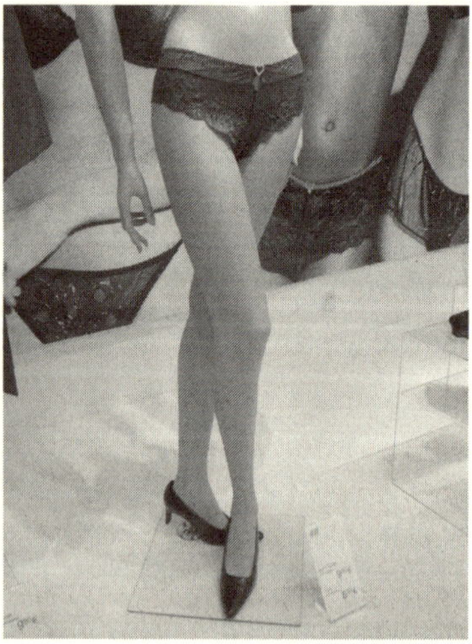

Zunächst begegnen uns in den Schaufenstern und auf den Verkaufsflächen Puppen, die einem traditionellen Frauenbild entsprechen und dementsprechend eine raumreduzierte Körpersprache haben: Die Arme werden eng am Körper, die Beine dicht beieinander gehalten. Diese raumreduzierte weibliche Körperhaltung erscheint uns so geläufig und normal, daß viele sie für angeboren halten. Die Rede ist dann von einer »weiblichen Anmut«, die sich darin äußere, daß weibliche Bewegungen und Haltungen eben von Natur aus graziöser seien als die von Männern. Doch wenn weibliche Anmut tatsächlich angeboren wäre, bliebe unerklärlich, warum Anthropologen und Sozialwissenschaftler nachweisen konnten, daß die Bewegungen und Haltungen von Frauen überall dort, wo sie beruflich »ihren Mann stehen«, raumgreifend sind. Immer wenn Frauen einen »bodenständigen« Beruf ausüben (z. B. im Handwerk oder in der Landwirtschaft), haben sie »die Hosen an« und präsentieren sich raumgreifend.

Generell können wir beobachten:

Überall dort, wo Frauen in Berufen wichtige Positionen oder gar Führungsämter innehaben, tendieren sie zur körpersprachlichen Expansion.

Sie legen und stützen ihre Ellenbogen auf den Konferenztisch und signalisieren mit dieser Geste Selbstbehauptung und Durchsetzungsfähigkeit – sie »fahren ihre Ellenbogen aus«. Sie tragen festes Schuhwerk und stehen breitbeinig und fest »auf dem Boden der Tatsachen«, statt staksig und mit eingeknickten, überkreuzten und wackeligen Beinen. Umgekehrt treffen wir überall dort mit einer hohen Wahrscheinlichkeit auf eine raumreduzierte Körpersprache, wo Frauen Berufe ausüben, in denen sie Männern zur Hand gehen.

Nun mögen Skeptiker einwenden, daß es für die territoriale weibliche Selbstbeschränkung ganz andere Gründe gibt: Der Rock zwingt zu engeren Sitz-, Steh- und Liegepositionen, und enge Röcke und Stöckelschuhe begrenzen die weibliche Schrittlänge. Stimmt! Aber zeigen Frauen die raumreduzierenden körpersprachlichen Signale nur dann, wenn sie Röcke tragen? Und warum sind es denn immer Frauenmoden, die die Bewegungsfreiheit einengen? Wir wagen die Behauptung, daß es eine Funktion von weiblicher Mode war (oder ist?), »Gefängnisse aus Stoff« und »Zwangsjacken« zu entwerfen, um die Frauen zur Raumreduktion zu veranlassen: Die weiblichen Korsetts führten zu Zerquetschungen der Organe. Die Verkrüppelung der Füße von chinesischen Frauen durch das Abschnüren der Zehen hatte die Funktion, die Frauen an das Haus des Mannes zu binden. Mode, Schönheitsideale, Macht und gewaltsame Einschränkungen der Bewegungsfreiheit der Frauen gehen seit Jahrhunderten eine innige Verbindung ein. Eine raumreduzierte weibliche Körpersprache kann mit der einengenden Kleidung nicht hinreichend begründet werden.

Hoch- und Tiefstatusaspekte prägen die Körpersprache der Geschlechter – und deren Kleidung.

Gehen wir zurück in die Fußgängerzone der Großstadt. Zugespitzt kann man sagen, daß bei der Präsentation von weiblicher Kleidermode die Aussteller auf Schaufensterpuppen mit unterschiedlichem Status zurückgreifen – je nach Image der Kleidermarke, nach Image des Geschäfts und nach Frauentyp, der mit der Kleidung angesprochen werden soll:

- Puppen, die »moderne« Frauen ansprechen sollen, posieren im Hochstatus und transportieren das Image einer selbstbewußten Frau.

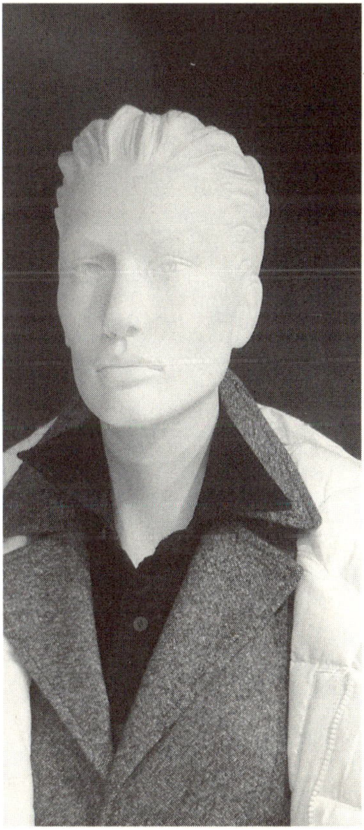

- Puppen, die sich mit ihrer Kleidung eher am traditionellen Frauenbild orientieren, posieren im körpersprachlichen Tiefstatus und transportieren das Image eines »Weibchens«.

Spannung und Entspannung

In einem Kaufhaus in der Abteilung für Damenmode sitzt ausgestreckt eine weibliche Schaufensterpuppe auf einem Stuhl und wirbt für Dessous. Trotz raumgreifender Haltung wirkt die Puppe nicht so, als nehme sie einen körpersprachlichen Hochstatus ein. Ihre Pose ist erstens zu aufreizend und anbiedernd (wie die eines Sexualobjekts), und zweitens ist die Haltung zu verkrampft, als daß die Schaufensterpuppe dominant wirken könnte.

Wenn Sie sich einen Stuhl mit Armlehnen nehmen und die Pose der Puppe nachstellen, werden Sie spüren, daß es einige körperliche Verrenkungen erfordert, ihre Haltung zu kopieren. Nach spätestens einer Minute des Ausharrens in dieser Position werden alle Glieder schmerzen, denn um diese Sitzhaltung einnehmen und längere Zeit halten zu können, müssen Sie Ihren Körper extrem anspannen.

Um »typisch weibliche« Haltungen und Bewegungen an den Tag zu legen, bedarf es einer hohen muskulären Anspannung. Je angespannter oder verkrampfter eine Person ist, desto größer ihre Tiefstatus-Wirkung.

- Je näher die Füße und Beine im Stand nebeneinander stehen, desto mehr Muskelspannung wird benötigt, um das Gleichgewicht zu halten.
- Der »graziöse Gang« verlangt von der Frau, daß die Füße nicht nebeneinander, sondern voreinander gesetzt werden. Beobachten Sie Models auf dem Laufsteg, und Sie können diese Art des Gehens in Perfektion sehen. Doch ohne muskuläre Anspannung drohen sie bei dem »graziösen Gang« das Gleichgewicht zu verlieren.
- Auch wenn viele Frauen das Gehen und Stehen auf Stöckelschuhen traumwandlerisch beherrschen, gilt trotzdem: je geringer die Auflagefläche der Füße und je größer die Neigung des Fußes, desto angespannter die Waden-, Oberschenkel-, Gesäß- und Rückenmuskulatur.
- Weibliche Anmut im Sitzen wird dadurch erzielt, daß frau sich ohne Benutzung der Rückenlehne aufrecht hinsetzt und ihre Beine dicht beieinander hält oder eng übereinanderschlägt. Auch für diese Haltung benötigt frau ein Höchstmaß an Körperbeherrschung und Spannung.

Betrachten Sie als Kontrast zu der angespannten Haltung der weiblichen Schaufensterpuppe das folgende Foto eines Mannes, das wir im Schaufenster eines Kleidungsfachgeschäftes entdeckt haben. Beworben werden Männerjacken für den Freizeitbereich.

Locker und lässig sitzt der Mann ausgestreckt vor seinem Porsche auf dem Boden. Dem potentiellen Kunden soll suggeriert werden: »Diese Kleidung ist so strapazierfähig, daß ihr

der Dreck auf dem Boden nicht schaden kann.« Die geöffnete Motorraumklappe des Porsches verweist auf die Kraft und Potenz seines Besitzers. Dessen coole und entspannte Haltung signalisiert Dominanz.

Stellen Sie einmal als typisch männlich eingestufte Bewegungs- und Haltungsmuster nach, und überprüfen Sie dabei ihre Körperspannung:

- Stellen Sie sich hin, und setzen Sie Ihre Füße in Schulterbreite nebeneinander. Wenn Sie jetzt noch Spielbein und Standbein benutzen, dann können Sie mit einem Minimum an Körperspannung relativ locker stehen.
- Setzen Sie sich auf einen Stuhl, und schlagen Sie Ihre Beine übereinander. Je enger Sie diese kreuzen, desto verkrampfter ist die Haltung. Männer tendieren im Gegensatz zu Frauen dazu, die Fessel ihres einen Beines auf den Oberschenkel des anderen Beines zu legen. Diese Haltung ist entspannt.
- Setzen oder legen Sie sich auf den Boden: Je stärker Sie sich hinflezen, desto entspannter ist Ihr Körper. Bei allen Haltungen und Posen werden Sie spüren: Je entspannter sie sind, desto typisch »männlicher« wirken sie. Wenn sich dagegen eine Frau in diesen »männlich«-entspannten Haltungen präsentiert, wirkt sie »unanständig« und »anstößig«.

Als typisch männlich eingestufte Bewegungs- und Haltungsmuster ermöglichen den »Herren der Schöpfung« eine relative körperliche Entspanntheit. Die Entspanntheit wiederum signalisiert Dominanz.

Unsere Kleidung trägt diesem Zusammenhang zwischen Körperspannung und Status Rechnung: Männliche Mode ermöglicht ihren Trägern relativ große Bewegungsfreiheit und lockere Haltungen. Das Schuhwerk verhilft zu einem sicheren und bequemen Stand. Hosen bieten größtmöglichen Bewegungsspielraum. Ganz anders die traditionelle Damenmode: Enge Kleider und Röcke schränken nicht nur die weibliche Bewegungsfreiheit drastisch ein, sondern verunmöglichen auch entspannte und lockere Haltungen und Bewegungen.

Blicke und Mimik

Schauen wir in die Gesichter der Puppen und Models, und betrachten wir deren Mimik. Bei dem folgenden Foto beschränken wir uns auf die Analyse des überdimensionalen Portraits der Frau im Bildhintergrund.

Im Gesicht des Models zeigt sich der bewundernde Blick. Dieses visuelle Muster ist Ihnen vielleicht als »Dackelblick« bekannt. Das Hauptmerkmal dieses Blicks ist ein leichtes Nach-vorne-Neigen des Kopfes, wodurch dem jeweiligen Kommunikationspartner die Illusion verschafft wird, daß er von unten betrachtet, also »angehimmelt« wird. Verstärkt wird der bewundernde Blick häufig durch das mimische Signal des Hebens der Augenbrauen.

Der »Dackelblick« fungiert als einseitige Imagepflege – als nonverbale Schmeichelei der rangniedrigen einer ranghöheren Person gegenüber.

Seine heimliche Botschaft an den Adressaten lautet: »An meinem gesenkten Kopf siehst du, daß ich kleiner bin als du. Ich bin dir unterlegen und schaue zu dir auf.« Diese Statusaussagen

über die eigene und fremde Größe sind unabhängig von der tatsächlichen Körpergröße der beteiligten Kommunikationspartner: Eine Person von 1,90 Meter kann durch den »Dackelblick« zu einer Person von 1,70 Meter »aufschauen«.

Handelt es sich bei dem »Dackelblick«

der Frau auf dem Foto nun um eine gezielte weibliche Inszenierung oder um Zufall? Wir haben die Werbefotos in den gängigen Illustrierten durchgeblättert und festgestellt, daß mehr als 50 Prozent der abgebildeten weiblichen Models leicht von unten nach oben in die Kamera schauen! Daß Frauen auf Werbefotos derart häufig mit einem anhimmelnden, sanften und bewundernden Blick abgelichtet werden, ist daher wohl kaum ein Zufall, sondern im Gegenteil eine gezielte Maßnahme zur weiblichen Statussenkung. Mit »Dackelblick« abgebildete Frauen sehen »lieber« und »netter« aus und entsprechen dem Klischee des »Weibchens«. So auch auf dem Foto in dem Schaufenster:

1. Das Model schaut den Betrachter nicht nur von unten an, sondern legt zusätzlich den Kopf schief. Eine solche Stellung signalisiert Anlehnungsbedürftigkeit und damit Tiefstatus. Auch bei der näheren Analyse der Werbefotos in den Illustrierten sind es fast ausschließlich weibliche Models, die mit zur Seite geneigtem Kopf abgebildet werden.
2. Die Frau auf dem Foto lächelt sanft. Untersuchungen belegen: Auch im »richtigen Leben« lächeln Frauen signifikant häufiger als Männer. Denn Frauen haben – gemäß dem traditionellen Geschlechterbild – sanft, emotional, aufopferungsbereit, harmoniebedürftig und anschmiegsam zu sein. Das milde Lächeln vermag diese traditionell weiblichen »Eigenschaften« am ehesten zu kommunizieren.

Unsere These lautet daher:

In der Werbung werden viele weibliche Models mit Hilfe des »Dackelblicks«, der Kopfstellung oder des Lächelns bewußt so fotografiert, daß sie sanft, anschmiegsam und lieb wirken.

Beworben werden über diese Tiefstatus-Inszenierung bevorzugt Produkte, die die weiblich-sexuellen Attribute von Frauen betonen: Kosmetik, Körperpflege, Miederwaren oder Röcke und Kleider.

Wir haben betont , daß es in der Werbung statistisch gesehen häufiger Frauen sind, die mit geneigtem Haupt abgebildet werden. Aber auch Männer werden, wie das folgende Schaufensterfoto beweist, mit dieser Haltung präsentiert:

Der abgebildete Mann hat seinen Kopf leicht zur Seite geneigt. Und doch befindet er sich im körpersprachlichen Hochstatus. Denn seine Kopfhaltung signalisiert nicht etwa Anlehnungsbedürftigkeit, sondern im Gegenteil Dominanz und Überheblichkeit. Wenn wir genau hinschauen, können wir feststellen, daß die Hochstatus-Wirkung seiner Kopfstellung darin besteht, daß er den Kopf leicht in den Nacken legt und den Betrachter dadurch von oben herab anschaut.

Der eklatante Statusunterschied zwischen dem fotografierten Mann und der fotografierten Frau basiert also – äußerlich betrachtet – auf zwei Zentimetern Haltungsänderung des Kopfes.

Zugeknöpft und offenherzig

Setzen wir unseren Streifzug durch die Großstadt fort, und werfen wir einen Blick in ein weiteres Schaufenster eines Kaufhauses. Vergleichen Sie die beiden Schaufensterpuppen:

Vermutlich haben Sie nicht auf den ersten Blick erkannt, daß es sich bei dem linken Foto um eine männliche, bei dem rechten Foto um eine weibliche Schaufensterpuppe handelt. Beide Puppen werden im gleichen Hochstatus präsentiert. Sie sind sowohl körpersprachlich als auch von der Kleidung her kaum voneinander zu unterscheiden.

Auffallend ist, daß die weibliche Puppe nicht nur eine sehr männlich wirkende Kurzhaarfrisur trägt, sondern daß auch ihre Mimik eher maskulin anmutet. Im Gegensatz zu den meisten Werbefotos, auf denen weibliche Models zu sehen sind, ist der mimische Ausdruck dieser Puppe frei von jeglichen Anzeichen statussenkender Signale: Kein sanftes Lächeln, keine schräge Kopfhaltung und kein »Dackelblick« machen sie zu einem »Weibchen«. Ihre Mimik scheint – ähnlich wie die der männlichen Puppe auf dem linken Foto – versteinert: Emotionen werden hinter einer Hochstatus-Fassade versteckt. Beide Puppen wirken sehr dominant – sie begegnen sich auf Augenhöhe.

Auch bei der weiblichen Puppe dürfte die Hochstatus-Wirkung kalkuliert sein: Die beworbene Kleidung richtet sich an berufstätige und selbstbewußte Frauen. Kleidungsstücke wie Hosenanzug, Blazer und Jacke sind der Herrenmode entlehnt und werden von Frauen getragen, die im Berufsleben ihre Frau stehen. Untersuchungen haben ergeben, daß Frauen in Führungspositionen nicht nur eine maskuline Kleidung bevorzugen, sondern auch weniger Schmuck anlegen, sich dezenter schminken und kürzere Haare tragen als ihre sozial tiefergestellten Geschlechtsgenossinnen. Alle Ausdrucksformen, die auf Emotionalität und traditionelle Weiblichkeit schließen lassen, werden sukzessive reduziert, je höher eine Frau in einer Hierarchie aufsteigt.

Auch bemühen sich Frauen darum, ihre Gefühle im beruflichen Alltag zu verbergen. Denn in der immer noch von Männern dominierten Welt der nüchternen Zahlen und Bilanzen gilt:

Die Äußerung jeder Art von Gefühlen führt dazu, daß man im harten beruflichen Überlebenskampf durchschaubar und berechenbar wird. Durchschaubarkeit und Emotionalität wiederum bedeuten Machtverlust.

Wer sich im harten Konkurrenzkampf um Jobs und Geld nicht in die Karten schauen lassen will, der hält seine wahren Gefühle zurück, gibt sich selbstbeherrscht und zugeknöpft. Eine Langzeitstudie belegt, daß Mitte der 90er Jahre zwei Drittel der befragten Frauen feststellten oder befürchteten, ihre emotionale

Offenheit im Berufsleben könnte als Schwäche ausgelegt werden.

Aber natürlich gibt es auch weibliche Schaufensterpuppen, die sich nicht zugeknöpft und distanziert, sondern im Gegenteil sehr offenherzig geben. Die folgende Schaufensterpuppe, die wir in einem Fachgeschäft entdeckt haben, das Kleidung für junge Frauen zwischen 15 und 25 Jahren führt, bricht radikal mit dem traditionellen Geschlechterbild. Sie zeigt sehr offen die Emotion, die traditionellerweise bei Mädchen und Frauen tabuisiert war: Wut. Der Ausdruck dieser Puppe hat nichts gemein mit dem traditionellen Geschlechterbild des sanften, lieben und aufopferungsvollen Weibchens.

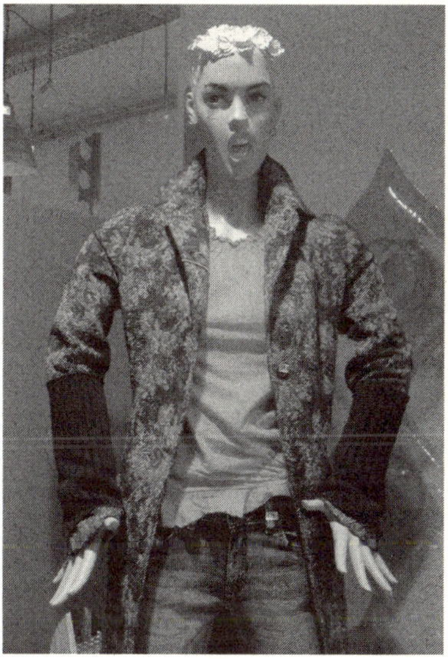

Das Äußere der Puppe lehnt sich an die Punk-Bewegung der 70er und 80er Jahre an. Die Punks standen für einen radikalen Bruch mit gesellschaftlichen Konventionen – also auch mit den traditionellen Geschlechterbildern. Auf den ersten Blick waren weibliche von männlichen Punks kaum zu unterscheiden: Sie trugen die gleiche Kleidung, den gleichen Schmuck und identische Frisuren, hatten ähnliche Umgangsformen, und beide Geschlechter zeigten eine Körpersprache, die sich aller erdenklichen Formen von Dominanz bediente.

Die Puppe dürfte genau die Mädchen und jungen Frauen ansprechen, die für ein neues weibliches Selbstbewußtsein stehen und das ihrer Umwelt auch mit ihren Kleidern und ihrer Körpersprache dokumentieren möchten.

Körpergröße

Beenden wir unseren Spaziergang durch die Fußgängerzone mit der Analyse einer Werbetafel für eine Krimiserie, die im deutschen Fernsehen ausgestrahlt wurde.

Das Foto auf der Werbetafel bedient alle Klischees der traditionellen Geschlechterhierarchie: Mit einem lieben und netten Gesichtsausdruck schaut sie – eine Polizeibeamtin – bewundernd zu ihrem männlichen Kollegen auf. Dieser wiederum behält mit einem ernsten und Dominanz ausstrahlenden Gesichtsausdruck die Gefahr im Auge. Er zeigt sich als Herr der Lage, während sie sich ihm, Schutz suchend, anvertraut.

Durch die räumliche Nähe zwischen den beiden abgebildeten Personen und den extremen »Dackelblick« der weiblichen Darstellerin fällt der Größenunterschied zwischen Mann und Frau deutlich auf: Die kleine Polizeibeamtin begibt sich in die Obhut des großen männlichen Beschützers.

Da wir noch immer Körpergröße mit Dominanz assoziieren, wundert es nicht, daß auch im Verhältnis der Geschlechter die Körpergröße eine nicht zu unterschätzende Rolle spielt. Wir stellen ganz lapidar fest: Männer sind größer als Frauen. Richtig formuliert müßte der Satz allerdings lauten: Die meisten Männer sind größer als die meisten Frauen. Es gibt nämlich Millionen von großen Frauen, die größer sind als Millionen kleiner Männer; es ist alles nur eine Frage der Zusammenstellung. Diese Zusammenstellung ist der entscheidende Punkt: Unsere Partnerwahl ist selektiv – wir wählen aus. Ein wichtiges Auswahlkriterium ist die Körpergröße. Erst durch die selektive Partnerwahl unter diesem Gesichtspunkt gilt der Satz: Männer sind größer als (ihre) Frauen. In unserer Gesellschaft gibt es nur sehr wenige Paare, bei denen die Frau den Mann überragt. Ginge es bei der Partnerwahl nicht nach dem Kriterium Größe, so wäre der Anteil der Paare, bei denen die Frau größer ist als der Mann, um ein Vielfaches höher, als es tatsächlich der Fall ist. Unbewußt oder auch bewußt folgen wir bei der Suche nach einem Partner dem Zusammenhang von Größe und Dominanz.

Der Mann als Vertreter des »starken Geschlechts« hat seine Überlegenheit auch körperlich im Verhältnis zu seiner Frau auszudrücken. Er muß größer sein als seine Partnerin.

Wenn dieses erstaunliche Phänomen der selektiven Partnerwahl auf der Basis von Körpergröße in unseren Seminaren angesprochen wird, drücken in der Regel beide Geschlechter aus, daß sie sich eine Umkehrung des Größenverhältnisses in ihrer Partnerschaft nur schwer oder gar nicht vorstellen könnten. Männer suchen Frauen, auf die sie hinabschauen können, und Frauen wünschen sich Männer, zu denen sie aufschauen und an deren starke Schulter sie sich anlehnen können – die uralte Geschlechterhierarchie sitzt tief. Wir reproduzieren sie mit fast jeder Partnerwahl.

Sollte die Partnerin tatsächlich einmal gleich groß oder gar größer als ihr Mann sein, vermeidet sie in seinem Beisein hochhackige Schuhe. Zur Not hilft dem Mann ein gesundes Selbstbewußtsein bzw. ein hoher sozialer Status: Untersuchungen belegen, daß bei den Paaren, wo die Frau ihren Mann überragt, dieser in der Regel einen überdurchschnittlich hohen sozialen Status hat. Die heimliche Botschaft dieser Männer an ihre Mitmenschen lautet: »Ich bin so groß und bedeutend, daß ich es nicht nötig habe, meine Frau zu überragen.«

Der Soldatenkönig Friedrich Wilhelm I. ging noch einen Schritt weiter: Er, der kleinwüchsige Potentat, umgab sich gezielt mit einer Leibgarde der »langen Kerls«. Wer in diese Garde aufgenommen werden wollte, mußte eine weit überdurchschnittliche Körpergröße – das »Gardemaß« – aufweisen. Daneben wirkte der König geradezu kleinwüchsig und dokumentierte damit: »Ich habe die wahre Größe, denn ich setze die uralte Gleichung Körpergröße = Macht außer Kraft.«

Beim Casting für Spielfilme wird meist darauf geachtet, daß die Größen der Schauspielerinnen und Schauspieler den traditionellen Geschlechterklischees entsprechen: Männer haben größer zu sein als ihre weiblichen Partnerinnen. Doch im Schauspiel gibt es ein Problem: Statistisch gesehen sind männliche Mimen relativ klein! Daher wurden Spezialschuhe entwickelt, bei denen die hohen Absätze nach innen verlegt wurden. Und sollte selbst dieser Trick zur Vergrößerung der männlichen Schauspieler nicht ausreichen, so gibt es weitere Rettungsanker: In *Casablanca* war Humphrey Bogart zwar deutlich kleiner als Ingrid Bergman, doch mittels geschickter Kameraführung und kleiner Stehbänkchen wurde die relative Kleinwüchsigkeit Bogarts zu keiner Sekunde des Films sichtbar. Die »überlegene Größe« des männlichen Protagonisten wird stets wirkungsvoll in Szene gesetzt: »Schau mir in die Augen, **Kleines!**« Notfalls muß eben getrickst werden, damit der uralte Mythos männlicher Überlegenheit auch im Größenverhältnis der Geschlechter zur Geltung kommt. Denn noch immer gilt:

Der Mann als Ernährer und Beschützer muß dominant – also groß und stark – sein.

Kehren wir zurück zu unserer Plakatwand: Der Schauspieler ist deutlich größer als seine Kollegin, und die Wirkung des Größenunterschieds wird durch die Nähe und den »Dackelblick« akzentuiert. Zudem wird die Tiefstatus-Wirkung der weiblichen Polizistin durch weitere Signale verstärkt: anschmiegsame Haltung und unschuldiger, fast kindlicher Gesichtsausdruck. Kontrastiert wird der weibliche Tiefstatus durch den inszenierten Hochstatus des männlichen Protagonisten: entschlossener Blick, zusammengekniffene Augen, beschützende Haltung. Tatsächlich entspricht die Inszenierung des Fotos mit ihrem extremen Statusgefälle zwischen Mann und Frau durchaus der Rollenanlage der Fernsehserie, die auf der Plakatwand beworben wurde: Auch dort präsentierte sich der männliche Polizist im überlegenen Hochstatus, während die Rolle der weiblichen Polizistin so angelegt war, daß sie eher unbeholfen wirkte.

Soweit unser kleiner Streifzug durch die Fußgängerzone und die Kaufhäuser der Großstadt. Mit der Frage der Inszenierung von Männlichkeit und Weiblichkeit auf Werbefotos haben sich bereits mehrere Wissenschaftlerinnen und Forscher beschäftigt; viele Ergebnisse dieser Studien decken sich mit unseren Beobachtungen:

- Frauen zeigen in der Zeitschriftenwerbung signifikant häufiger als Männer ein verbindliches und freundliches Lächeln. Männer dagegen praktizieren überdurchschnittlich häufig einen mimischen Minimalismus und wirken dadurch unnahbarer und distanzierter – eben cool.
- Männer schauen zu einem weit geringeren Prozentsatz als

Frauen in die Kamera und signalisieren damit nicht nur »Weitblick«, sondern praktizieren gleichzeitig gegenüber dem Betrachter der Werbefotos visuelle Ignoranz.

- Ein hoher Prozentsatz der Models auf den Werbefotos schaut leicht von unten nach oben in die Kamera. Wenn Männer in die Kamera schauen, dann überwiegend geradlinig und »auf Augenhöhe«.
- Männeraugen sind seltener ausgeleuchtet als die von Frauen.
- Männer werden häufig draußen abgebildet, Frauen oft im Haus. Die heimliche Bildaussage lautet: »Die Welt des Mannes ist die feindliche Welt, die der Frau das Heim.«
- Männer nehmen körpersprachlich mehr Raum ein als die abgebildeten Frauen. Auch stehen sie in der Regel breitbeiniger und fester. Männer praktizieren Expansion, Frauen Raumreduktion.
- Männer sind – von einigen Ausnahmen abgesehen – bezüglich Kleidung zugeknöpfter als Frauen. Wenn Männer sich entblößt zeigen, stellen sie selbstbewußt ihre überlegene Körperkraft zur Schau, während halbnackte Frauen auf ihre Funktion als Sexualobjekt reduziert werden.

In der Fernseh- und auch Zeitschriftenwerbung werden noch immer Frauen häufig im körpersprachlichen Tief-, Männer im Hochstatus abgebildet.

Die uralte Legende vom »starken« und vom »schwachen« Geschlecht wird per subtiler Bildaussage täglich millionenfach reproduziert.

Angesichts dieses allgegenwärtigen »Bombardements« mit traditionellen Geschlechterbildern wundert es nicht, daß sich die uralten Klischees vom dominanten Mann und seiner unterlegenen Frau so hartnäckig in unseren Köpfen halten. In unserer

Mediengesellschaft regen besonders medial verbreitete Vorbilder zur körpersprachlichen Nachahmung an. Werbefotos, wie wir sie auch in den Schaufenstern und den Auslagen der Geschäfte gefunden haben, leisten ihren Beitrag zur Zementierung traditioneller Rollenklischees in unseren Köpfen und Körpern.

Doch bei den Schaufensterpuppen der Kaufhäuser und Fachgeschäfte haben wir relativ viele und auch auffällige Abweichungen vom traditionell weiblichen Rollenklischee festgestellt: Wir haben »Weibchen« neben selbstbewußten Mädchen und anmutige Püppchen neben Frauen gesehen, die mit beiden Beinen im Leben stehen. Liebe und nette Puppen waren im Schaufenster direkt neben Puppen drapiert, die versteinert, wild oder sogar aggressiv aussahen – ganz in Abhängigkeit vom Image des zu verkaufenden Produkts. Vielleicht zeugen die unterschiedlichen Statusdarstellungen der weiblichen Schaufensterpuppen von einem Wandel des weiblichen Geschlechterbilds, der sich in unserer Gesellschaft allmählich vollzieht:

Frauen mit Hochstatus-Wirkung gehören – wie bei den Schaufensterpuppen – inzwischen zum Straßenbild. Weibliche Dominanz wird seltener tabuisiert.

Ganz anders bei den männlichen Schaufensterpuppen: Eine derart große Status-Bandbreite wie bei den weiblichen Puppen ist hier nicht zu finden. Männliche Puppen sind immer nur eins: dominant. Sie strahlen permanent Überlegenheit aus.

Die durchgehenden Hochstatus-Posen der männlichen Puppen sind ein Ausdruck davon, daß das Männerbild in unserer Gesellschaft noch immer sehr rigide ist und wenig Spielraum für Abweichungen läßt.

Wie wir im nächsten Kapitel zeigen werden, laufen Männer, die vom Klischee männlicher Dominanz und Überlegenheit abweichen, Gefahr, zum öffentlichen Gespött zu werden: Sie werden als »Weicheier« und »Warmduscher« tituliert. Schon in der Schule gilt: Jungen, die sich »unmännlich« geben, werden von ihren Geschlechtsgenossen gemobbt. Männlicher Tiefstatus wirkt, wie diese letzte Puppe zeigt, unmännlich und lächerlich. Der Rahmen für männliche Geschlechteridentität ist in unserer Gesellschaft nach wie vor eng gesteckt. Man(n) hat dominant zu sein!

Wer den Schaden hat …

Komik, Status und Dominanz

Im letzten Kapitel wurde kurz an Tarzan erinnert, wie er mit einem energischen Griff die schwache Jane umfaßt, seinen animalischen Schrei ausstößt und sich locker von Liane zu Liane schwingt: Männliche Dominanz trifft auf weiblichen Tiefstatus. Schreiben wir einige Drehbücher für fiktive Parodien dieser Szene:

Der starke Tarzan richtet sich im Urwald vor Jane zu stattlicher Größe auf. Mit seinen Fäusten trommelt er auf seine Brust und stößt dabei laute und durchdringende Schreie aus. Daraufhin klettert er vor Janes Augen behende auf einen Baum und ergreift eine Liane, um sich in lichter Höhe lässig von Ast zu Ast zu schwingen. Doch mitten im Schwunge reißt die Liane.

Während Tarzan in die Tiefe stürzt, stößt er einen Hilfeschrei aus, der nur noch entfernt an seinen Kraftschrei erinnert …

Die Komik dieser parodistischen Szene lebt von dem plötzlichen Statuswechsel des männlichen Helden. Tarzan zeigt vor Janes' Augen männliches Imponiergehabe in Reinkultur. Doch die Dominanz des Affenmenschen bricht mit dem Zerreißen der Liane wie ein Kartenhaus in sich zusammen. Je tiefer Tarzan abstürzt, desto tiefer sinkt auch sein Status. Der Schrei während des Fallens mutiert vom Hochstatus-Schrei zum ängstlichen Tiefstatus-Hilferuf.

Der Witz steht und fällt mit der übertriebenen Inszenierung des männlich-überlegenen Hochstatus zu Beginn der Szene. Je dominanter Tarzan zunächst präsentiert wird, desto drastischer erscheint der Statuswechsel beim Riß der Liane und desto witziger wirkt die Szene.

Eines der Grundprinzipien einer komischen Szene oder auch eines Witzes lautet: Je dominanter eine Person inszeniert wird, desto stärker fallen die Lacher bei deren unerwartetem Statusverlust aus. Dieses Lachen des Publikums basiert auf Schadenfreude. Es handelt sich bei diesem Prinzip von Komik um eine sehr aggressive Variante von Humor – er geht auf Kosten der Personen, die den Schaden davontragen: »Wer den Schaden hat, braucht für den Spott nicht zu sorgen.«

Komik lebt vom Statusverlust: Stolpert eine gebückte Oma über eine Bananenschale, lachen nur die gefühllosen Zeitgenossen – sie erleidet durch den Fall keinen Statusverlust. Sollte aber ein hohes Tier auf einer Bananenschale zu Fall kommen, dann lacht das ganze Volk. Der Statusverlust fällt bei diesem Promi-Sturz so eklatant aus, daß er Balsam für die geschundenen Seelen der kleinen Leute ist. Daraus folgt:

Je dominanter, machtvoller oder arroganter sich eine Person präsentiert, desto lauter ist unser hämisches Lachen, wenn dieser ein Mißgeschick passiert.

Nach diesem Grundprinzip werden seit Hunderten von Jahren die Mächtigen der Welt verlacht.

Eine zweite parodistische Szene zu der Geschichte von Tarzan und Jane könnte folgendermaßen aussehen:

Der starke Tarzan will Jane packen, doch die entpuppt sich trotz ihrer zierlichen Figur als nicht minder kräftig und dreht den Spieß um: Sie ergreift Tarzan mit dem rechten Arm und schwingt sich mit dem linken mühelos von Liane zu Liane. Bevor sie einen furchterregenden Schrei ausstößt, murmelt sie noch etwas wie: »Noch nie was von Emanzipation gehört?«

Die Komik dieser Szene lebt von dem Rollentausch, durch den die traditionelle Aufteilung von männlicher Dominanz und weiblichem Tiefstatus aufgebrochen wird. Verstärkt wird die parodistische Wirkung dadurch, daß dieser Statustausch entgegen den körperlichen Voraussetzungen der Hauptdarsteller durchgeführt wird: Der starke Tarzan wird durch die Hochstatus-Handlungen der scheinbar schwachen Jane in den Tiefstatus gezwungen. Die traditionelle Geschlechterhierarchie wird mit einem Federstreich Janes sprichwörtlich auf den Kopf gestellt. Auch für diese fiktive Szene gilt: Je dominanter Tarzan zu Beginn der Szene dargestellt wird, desto heftiger und witziger ist der Statuswechsel. Und je unterlegener sich Jane anfangs präsentiert, desto komischer ist deren plötzlicher Wechsel in den Hochstatus.

Dieses Grundprinzip von Komik, nämlich eine scheinbar festgefügte Hierarchie plötzlich auf den Kopf zu stellen, kommt immer dann zum Tragen, wenn zwei Komödianten gemeinsam auf der Bühne stehen oder einen Spot drehen. Auch die Komik von Oliver Hardy und Stan Laurel (»Dick und Doof«) basiert auf diesem Grundprinzip eines abrupten oder auch vorhersehbaren Statuswechsels der beiden Protagonisten: Der im Tiefstatus präsentierte »Doof« bringt mit seiner Trotteligkeit den Freund »Dick« immer wieder in mißliche Situationen, in denen sich herausstellt, daß dessen Hochstatus aufgeblasen war.

Sie können sämtliche Komikerpaare der Bühnen- oder Filmgeschichte analysieren und werden immer wieder auf ein Grundmuster von Komik stoßen: Dominanz trifft auf Unterlegenheit, Hochstatus auf Tiefstatus.

Jeder gute Regisseur weiß: Zwei Komödianten, die den gleichen Grundstatus spielen, laufen Gefahr, das Publikum zu langweilen. Humor lebt vom Statusbruch. Stellen Sie sich nur einmal vor, der dumme August im Zirkus wäre so dominant wie der Weißclown, Doof präsentierte sich so selbstsicher wie Dick, Obelix wäre so schlau wie Asterix oder Bud Spencer so intelligent wie Terence Hill. Wie langweilig!

Die parodistischen Möglichkeiten der Tarzan-und-Jane-Szenerie sind noch nicht erschöpft:

In dieser Variante entspricht Tarzan gar nicht dem Klischee des dominanten Beschützers. Als schmächtiger und kleiner Tiefstatus-Mann gibt er eine lächerliche Figur ab. Sein Versuch, die große und starke Jane zu umfassen und hochzuheben, scheitert kläglich. So sehr er sich auch bemüht, Tarzan kriegt seine Jane nicht einen Zentimeter vom Boden.

Regungslos, interessiert und mit einem Anflug von überlegenem Lächeln beobachtet Jane Tarzans vergebliche Versuche, sie anzuheben. Schließlich wird es ihr zu bunt. Kurz entschlossen ergreift sie den Pantoffelhelden, dreht den Spieß um, packt Tarzan unter den Arm und vollführt mit einer Lässigkeit das, was das Publikum eigentlich von Tarzan erwartet hätte: Sie stößt einen animalischen Schrei aus und schwingt sich – mit der männlichen Witzfigur Tarzan unter dem Arm – von Liane zu Liane.

Die Komik dieser Szene basiert ebenfalls auf dem Prinzip des Statusbruchs, allerdings ist dieser Bruch schon in den Figuren der Hauptdarsteller angelegt. Wir erwarten einen starken und dominanten Tarzan und eine zierliche Jane und werden in der parodistischen Szene konfrontiert mit einem »Nicht-Mann« und einem »Mann-Weib«. Keine der beiden Figuren erfüllt die Anforderungen, die traditionellerweise an Männlichkeit und Weiblichkeit gestellt werden. Wenn dann gegen Ende der Szene Jane »aus der Rolle fällt« und Tarzan so packt, wie wir es eigentlich von ihm erwartet hätten, ist die Komik perfekt.

Komiker und Kabarettisten

Männliche Komik lebt häufig vom grundsätzlichen Bruch der Figur mit der traditionellen Geschlechterrolle: Der männliche Komiker ist ein Tolpatsch. Denken Sie nur an die zahllosen Komiker wie Woody Allen, Mister Bean, Luis de Funès, Jacques Tati, Buster Keaton, Harold Lloyd, Charlie Chaplin, Jerry Lewis, Loriot, Karl Valentin, Otto, Tom Gerhardt, Karl Dall, Mike Krüger, Dieter Hallervorden, Herbert Knebel, Wigald Boning oder Dittsche – keiner dieser Männer ist dominant. Jede dieser Figuren ist als Trottel angelegt und wird zur Zielscheibe männlichen wie weiblichen Spotts. In ihren Sketchen und Geschichten werden sie immer wieder zu Opfern widriger Umstände, anderer Personen oder ihres eigenen Unvermögens. Sie scheitern kläglich an den kleinsten und belanglosesten Problemen des Alltags. Wenn diese Komiker die heiklen Situationen halbwegs schadlos überstehen, dann nicht, weil sie – wie es sich für »ganze Kerle« gebührt – männlich den Widrigkeiten trotzen und aus den Kämpfen des Alltags heldenhaft hervorgehen, sondern weil ihnen in all ihrer Trotteligkeit der Zufall zu Hilfe eilt und sie aus den Fängen des Alltags befreit. Diese männlichen Witzfiguren siegen nicht, sondern überleben im Scheitern.

Stellvertretend für all die oben aufgezählten Komödianten möchten wir die Figur des Mr. Bean betrachten: Er erfüllt nicht im geringsten die Anforderungen, die in unserer Gesellschaft an Männlichkeit gestellt werden. Mr. Bean ist weder stark noch dominant oder gar gutaussehend. Er läßt grundlegende männliche Fähigkeiten und Fertigkeiten wie Durchsetzungsvermögen, Stärke oder auch Risikobereitschaft vermissen. Mr. Beans Bewegungen sind unbeholfen, seine Handlungen grotesk. Millionen von Frauen lachen über seine unfreiwillige Komik, doch keine von ihnen würde sich »im richtigen Leben« in diesen liebenswerten Mann verlieben. Und Millionen von Männern freuen sich über dessen Tiefstatus, versuchen aber krampfhaft, jede Ähnlichkeit mit diesem Anti-Helden zu vermeiden.

Die männlichen Komiker sind häufig Trottel und leben von dem Statusbruch mit der traditionellen Männerrolle.

Trottel sind Anti-Helden, die die zuschauenden und lachenden Männer im Publikum für einige Minuten oder Stunden von der Last befreien, als Mann stets stark, mutig und durchsetzungsfähig sein zu müssen. Der Erfolg der männlichen Trottel ist gerade darin begründet, daß die zuschauenden Männer ihre eigenen unterdrückten »schwachen« Anteile in den Komikern entdecken und darüber ausnahmsweise einmal herzhaft lachen dürfen. Das bedeutet, daß das männliche Publikum sich in den Trotteln selbst verspottet – um nach der Filmszene um so gestärkter am Selbstbild männlicher Überlegenheit festzuhalten.

Erkennen nicht auch die Frauen die mühsam unterdrückten Schwachstellen der Männer in dem Tiefstatus-Verhalten des Trottels und können endlich risikolos darüber lachen? Somit würden die lachenden Frauen nicht nur die Komiker auf der Leinwand oder auf dem Bildschirm belächeln, sondern diese stünden stellvertretend für ihre Männer, Partner, Söhne oder Mitarbeiter.

Natürlich wollen wir nicht verschweigen, daß es auch Komödianten gibt, die sich dominant oder zumindest selbstsicher geben: Bruno Jonas, Matthias Beltz, Ingo Appelt, Volker Pispers, Matthias Deutschmann, Arnulf Rating usw. Doch zwischen diesen Kabarettisten und den oben aufgezählten Komikern besteht ein großer Statusunterschied:

- Wir lachen und spotten über den Tiefstatus der Komiker und stellen uns als Publikum damit über sie. Wir verhöhnen die dargestellte Figur in ihrer Nicht-Männlichkeit. Wir lachen **über** den Trottel.
- Wir lachen **mit** den Kabarettisten über diejenigen, die eigentlich über uns stehen: die Mächtigen. Der Kabarettist nimmt uns als seinen Partner oder seine Partnerin mit in die Vogelperspektive, aus der heraus wir auf die Gesellschaft mit ihren scheinbar Mächtigen herabblicken. Mit Hilfe der Kabarettisten sind wir für einen kurzen Moment selbst die Großen dieser Welt. Von dieser Warte des Hochstatus aus können wir bitterböse mit all denen abrechnen, die uns täglich das Leben schwer machen. Der Kabarettist verhilft uns zur »Rache des kleinen Mannes« – und natürlich der »kleinen Frau«. Die Mächtigen werden entlarvt und durch den Witz für eine kurze Zeit entmachtet.

Anhand der Körpersprache des jeweiligen Komikers kann auf den ersten Blick unterschieden werden, welches Männerbild transportiert wird und welcher Art die Komik ist:

Die Trottel setzen auf die Komik des körpersprachlichen Tiefstatus.

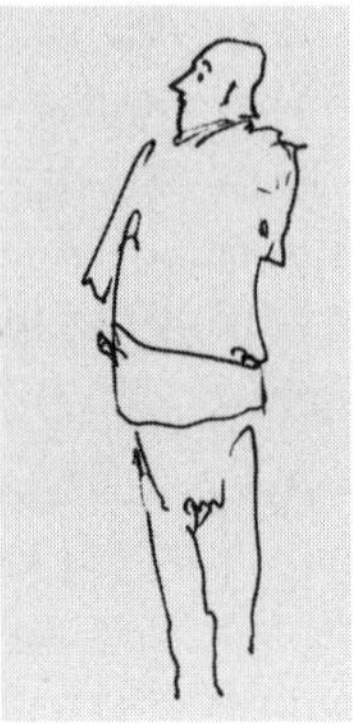

Sie sind oft klein und schmächtig, dick oder aber lang und dürr. Keiner von ihnen entspricht dem maskulinen Schönheitsideal eines starken, sportlichen und attraktiven Mannes. Ihre Körpersprache signalisiert Tiefstatus: linkische Bewegungen, fahrige Gesten, unsichere Blicke, tapsige Schritte, nervöse Mimik.

Anders die Kabarettisten: Mit ihrer selbstsicheren Körpersprache signalisieren sie Überlegenheit.

Sie stehen erhobenen Hauptes auf der Bühne, ihre Bewegungen sind akzentuiert. Ihre Gestik ist prägnant und unterstreicht die scharfe und spitze Sprache. Mit einem verächtlichen Lächeln verspotten sie die Großen der Welt.

Die Trottel betrachten die Welt von unten, die Kabarettisten von oben.

Alle Beispiele belegen: Komik und Status sind untrennbar miteinander verbunden. Die Komik einer Figur, eines Witzes, einer Bühnenszene, eines Spots oder eines ganzen Films lebt von der Inszenierung des Statusbruchs. In jedem Fall gilt: Je heftiger der Bruch mit den Erwartungen und Sehgewohnheiten des Publikums ausfällt, desto größer ist die humoristische Wirkung eines Sketches oder einer Szene. Festgefahrene Machtverhältnisse werden mit einem beabsichtigten oder unbeabsichtigten Handstreich der Ohnmächtigen auf den Kopf gestellt.

Da Komik und Status so untrennbar miteinander verknüpft sind, ist es kein Wunder, daß die Körpersprache der Schauspielerinnen und Schauspieler zu einem zentralen Element dieser Art von Humor wird. Die berühmtesten Komiker der Bühnen- und Filmgeschichte waren und sind Schauspieler, die ihre witzigen und entlarvenden Geschichten ohne Worte transportieren und uns allein mit der Kraft ihrer Körpersprache rühren können: Buster Keaton, Stan Laurel und Oliver Hardy, Charlie Chaplin, Jacques Tati, Karl Valentin oder auch Marcel Marceau. Ihrer ausgefeilten und überzeugenden Körpersprache verdanken wir großartige Momente der Bühnen- und Filmgeschichte.

Frauen hatten lange Zeit nichts zu lachen

Komik war bis vor einigen Jahren fast durchweg männlich: Die Zielscheibe der Komik waren üblicherweise Männer, und auch die Protagonisten – die Kabarettisten, Clowns und Komödianten – waren in der Regel männlich. Zu festgefügt waren bis in die 60er und 70er Jahre die Machtverhältnisse zwischen den Geschlechtern, als daß es – von wenigen Ausnahmen abgesehen – Frauen zugestanden wurde, über die Männer Witze zu machen.

Komikerinnen wie Iris Berben oder Evelyn Hamann waren lediglich »Zuspielerinnen« für ihre berühmten männlichen Kollegen Diether Krebs und Loriot. Frauen, die wie Lore Lorentz vom Düsseldorfer Kommödchen die Männer aus der Hochstatus-Perspektive verspotteten, waren dem männlichen und auch dem weiblichen Publikum lange Zeit suspekt.

Seit einigen Jahren scheint allerdings eine der letzten Bastionen von Männlichkeit – die Komik – zu fallen. Den Deutschen Kabarettpreis 2003 gewann erstmals eine Frau: Lisa Politt. In einem Interview mit der *taz* stellte sie fest: »Wenn ich keine Frau

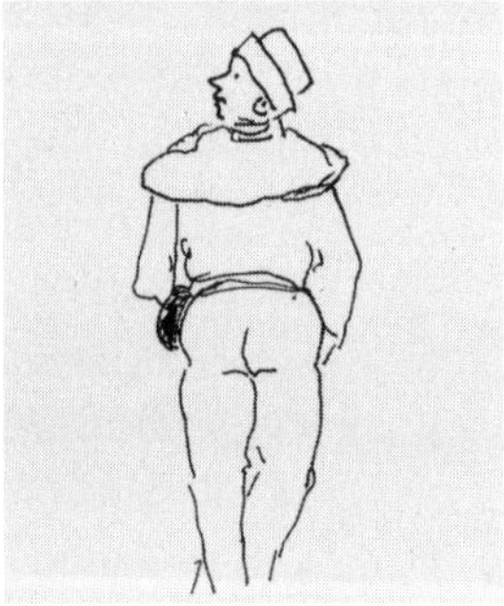

wäre, hätte ich den schon viel eher gekriegt.« Immer häufiger sind es nun auch Kabarettistinnen und Komikerinnen, die frech und frei die kleinen wie die großen Mißstände aufs Korn nehmen.

Zielscheibe des weiblichen Humors sind zunächst einmal die Herren der Schöpfung. Das ist nicht verwunderlich, denn die parodistische Umkehrung bestehender Machtverhältnisse war schon immer eines der zentralen Merkmale von Humor.

Die scheinbare Stärke des »starken Geschlechts« wird von Komikerinnen als eigentliche Schwäche entlarvt und somit der öffentlichen Lächerlichkeit preisgegeben. Das, was Jahrzehnte undenkbar schien, ist mittlerweile tägliche Realität auf unseren Bildschirmen: Frauenfiguren holen Männer mit ihren Witzen vom hohen Roß herunter und nehmen dadurch indirekt selbst den Hochstatus ein.

Die Galionsfigur weiblicher Komik der letzten Jahre ist im deutschsprachigen Raum zweifellos Anke Engelke. Sie schlüpft überwiegend in Frauenrollen, die einen körpersprachlichen Tiefstatus aufweisen, und verspottet Vertreterinnen ihres Geschlechts. Fällt sie damit den Frauen auf dem Weg zur Gleichberechtigung in den Rücken? Wohl kaum, denn letztlich ist diese neue Art von weiblicher Komik, die nicht nur den Männern, sondern auch dem eigenen Geschlecht einen Spiegel vorhält, Ausdruck eines neuen weiblichen Selbstbewußtseins. Über sich selbst oder die Schwächen des eigenen Geschlechts lachen zu können, erfordert Distanz zum traditionellen Rollenklischee einerseits und generelles Selbstbewußtsein andererseits. Mächtige Männer dieser Welt haben sich immer schon von männlichen

Hofnarren umgeben, deren Pflicht es war, ihnen einen Spiegel vorzuhalten.

Sich im Spiegel zu erkennen und auch noch über sich selbst lachen zu können, zeugt von Größe und Selbstbewußtsein.

»Bitte nach Ihnen!«

Körpersprache und Dominanz in der Fußgängerzone

Es ist Samstag morgen in der Vorweihnachtszeit. Wir hetzen durch die Einkaufszone der Großstadt, auf der Suche nach den letzten Geschenken für den Gabentisch. Doch trotz der vielen Menschen kommt es nur äußerst selten zu Zusammenstößen zwischen uns und anderen Passanten. Was passiert zwischen uns Fußgängern auf der »Konsumrennbahn«; wie vermeiden wir Berührungen oder gar Rempler? Ganz einfach: Wir kommunizieren unauffällig miteinander. Mit scheinbar geheimen Zeichen sprechen wir uns ab, wer wem wann wie und wohin ausweicht. Unsere Absprachen vollziehen sich dabei überwiegend nonverbal. In der Regel reichen subtile körpersprachliche Signale aus, um uns mit den Mitmenschen so zu einigen, daß keiner mit einem anderen kollidiert.

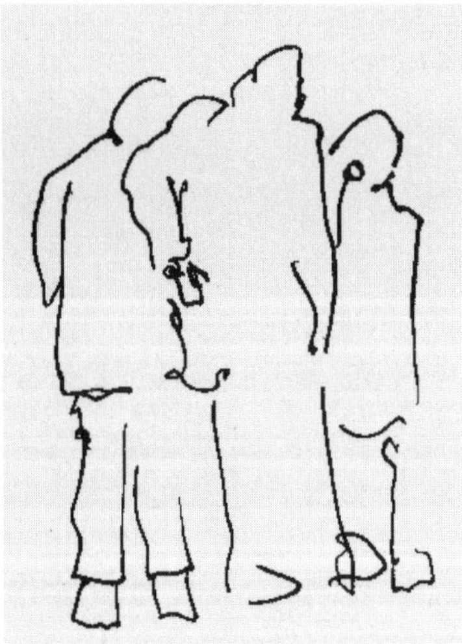

Für diese nonverbalen Absprachen verwenden wir Blicke, Andeutungen mit den Armen und Händen, aber auch Oberkörper-, Becken- und Kopfdrehungen. Mit diesem Instrumentarium an Körpersignalen können wir unseren Mitmenschen relativ eindeutige Richtungszeichen senden und andeuten, wohin wir angesichts eines drohenden Zusammenstoßes auszuweichen gedenken. Und da fast alle Fußgänger dieses Signal-System kennen und beachten, ist klar:

Der rempelfreie Einkauf ist das Ergebnis Dutzender nonverbaler Absprachen zwischen wildfremden Passanten.

Nur äußerst selten ist ein Fußgänger bei der Klärung des Wegerechts auf die verbale Sprache angewiesen und läßt einer anderen Person den Vortritt mit den Worten »nach Ihnen« oder einfach nur »Bitte«.

Bringen wir das Modell der Wippe ins Spiel, und fragen wir nach der möglichen Hierarchie in diesen kommunikativen Prozessen in der Fußgängerzone. Verlaufen die Absprachen zwischen uns Passanten stets partnerschaftlich, oder neigt sich die Wippe mal zur einen, mal zur anderen Seite?

- Jeder von uns kennt Tage, an denen wir ohne Ausweichmanöver durch die dichtgedrängte Einkaufszone kommen. Nur selten müssen wir von der Ideallinie abweichen, die uns ohne Umweg zu unserem Ziel führt. Wir gehen unseren Weg. Die Mitmenschen weichen uns aus.
- An anderen Tagen ist es genau umgekehrt: Wir können keine drei Meter gehen, ohne anderen Passanten Platz machen zu müssen. Ständig werden wir von ihnen fast umgerannt. Es scheint zum Verzweifeln, denn wir kommen kaum voran.
- Es gibt Menschen, die immer »ihren Weg gehen«. Nur selten weichen sie von der geraden Linie ab.
- Für andere Zeitgenossen ist der Gang durch die volle Einkaufszone stets ein einziger Spießrutenlauf: Immer wieder müssen sie ihren Mitmenschen ausweichen.

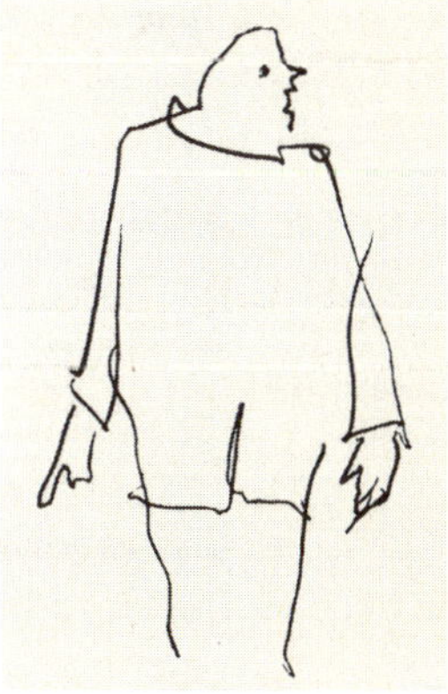

Diese vier Beispiele deuten darauf hin:

Der Gang durch die Fußgängerzone ist bestimmt von Prozessen hierarchischer Kommunikation.

Betrachten wir diese unterschiedlichen Gänge durch die Fußgängerzone einmal unter Dominanz- und Unterlegenheitsaspekten.

Augen zu und durch

Wie kann es gelingen, einen Weg durch die Fußgängerzone ohne Ausweichmanöver, also auf dem geraden Weg, zurückzulegen? Wir beginnen mit der Analyse unserer **inneren Haltung:** Wir treffen eine Entscheidung im Kopf: »Ich will einen möglichst direkten Weg wählen und mich nicht nach anderen Passanten richten.« Eine solche innere Haltung bildet die notwendige Voraussetzung für einen zielstrebigen Gang. Zu dieser Einstellung können wir aus ganz unterschiedlichen Gründen gelangen:

- **Situative Zielstrebigkeit:** Wir sind in Eile, weil wir beispielsweise den nächsten Zug erwischen wollen, der in wenigen Minuten vom Bahnhof abfährt. Um diesen Zug pünktlich zu erreichen, entscheiden wir uns dazu, den Weg zum Bahnhof durch die volle Fußgängerzone möglichst schnell und geradlinig zurückzulegen.
- **Gewohnheitsmäßige Zielstrebigkeit:** Wir sind es gewohnt, daß sich die Mitmenschen – ob im Berufs- oder Privatleben – stets nach uns richten und sie im Zweifelsfall zu unseren Gunsten zurückstecken. In diesem Falle sind wir so etwas wie gewohnheitsmäßige Dominanz-Menschen. Wir gehen zielstrebig durchs Leben. Diese innere Haltung äußert sich

auch auf dem Weg durch die Fußgängerzone: Wir halten es für selbstverständlich, daß andere Menschen uns ausweichen und nicht wir ihnen.

In beiden Fällen bildet die innere Haltung der Zielstrebigkeit – ob situativ oder gewohnheitsmäßig – die Basis für die **äußere Haltung.** Denn die Einstellung der Zielstrebigkeit setzt sich um in Körpersprache: Die geistige Entschlossenheit bewirkt eine Öffnung (Entschließung) des Oberkörpers. Und wer seinen Brustkorb öffnet, der richtet sich automatisch auf und wächst um einige Zentimeter. Das bedeutet:

Zielstrebige Personen gehen relativ aufrecht, sind größer und wirken dadurch selbstbewußter und dominanter.

- Eine aufgerichtete Person erscheint durch den geöffneten Brustkorb und das vorgeschobene Becken selbstsicher. »Ich muß mich nicht schützen«, so lautet die Körperbotschaft der Öffnung des Brustkorbs. Die betreffende Person signalisiert Angstfreiheit, Selbstsicherheit und Durchsetzungsvermögen.
- Die Öffnung des Brustkorbs zieht – neben der Vergrößerung – weitere Veränderungen der Körpersprache nach sich: Der Kopf steht gerade und aufrecht über dem Körper; die Halspartie ist dadurch verlängert und freigelegt. Aufrichtung und Öffnung sind körpersprachliche Mittel der Selbsterhöhung und verursachen die dominante Wirkung der betreffenden Person.
- Selbstsichere Menschen machen – statistisch gesehen – größere Schritte und gehen oft schneller als ihre ängstlichen Mitmenschen.
- Zielstrebige Personen gehen zielgerichtet. Die heimliche Botschaft eines zielgerichteten Ganges an andere Passanten ist:

»Ich weiß, wohin ich will, und kenne auch die weiteren Schritte, die mich zu meinem Ziel führen. Etwaige Hindernisse werden mich nicht aus der Bahn werfen. Ich werde sie wegräumen.« Solchen Personen stellen wir uns aus Angst vor möglichen Konflikten nur ungern in den Weg – es sei denn, wir sind aus dem gleichen Holz geschnitzt und verfolgen ähnliche Ziele.

- Zielstrebige Menschen haben immer ihr Ziel vor Augen, das sie verfolgen. Sie schauen seltener nach links und rechts und richten statt dessen ihren Blick nach vorne (»Tunnelblick«). In der Fußgängerzone bedeutet das, daß sie mit ihren Mitmenschen kaum Augenkontakt aufnehmen. Menschen mit Tunnelblick sind wenig »rücksichts-voll« und »um-sichtig«. Sie praktizieren weitgehende visuelle Ignoranz. Der *Tagesthemen*-Sprecher Ulrich Wickert, der viele Jahre in Paris lebte, hat vor laufenden Kameras einmal dokumentiert, daß man einzig mit dem Mittel der visuellen Ignoranz eine Chance hat, die vollbefahrenen Champs-Élysées zu überqueren: Er schaute weder nach rechts noch links, als er über diese mehrspurige Straße ging. Die Autofahrer registrierten das dominante Verhalten Ulrich Wickerts – und bremsten, um ihn passieren zu lassen.

Fazit dieser Beobachtungen: Die innere Haltung der Zielstrebigkeit bedingt die äußere Haltung – Öffnung und Aufrichtung des Oberkörpers, zielstrebiger Gang und ein nach vorn gerichteter Blick.

Eine zielstrebige Person sendet Dominanz-Signale aus. Sie strebt eine Hierarchisierung der Kommunikation an, denn sie möchte ihr Ziel auf direktem Wege und ohne Zeitverlust erreichen.

Man(n) trifft sich

Ob der gewünschte Effekt tatsächlich eintritt, daß die anderen Passanten unsere Zielstrebigkeit erkennen und einen Schritt kürzertreten, hängt von relativ komplexen Kommunikationsprozessen ab, die wir beleuchten wollen.
Ein Beispiel:

Unser Bus fährt in zwei Minuten. Wir haben noch 300 Meter Fußgängerzone vor uns, und es wird zeitlich ziemlich eng. Entschlossen und zügigen Schritts gehen wir in Richtung Busbahnhof. Die meisten Passanten lesen unsere Zielstrebigkeit an unserem entschlossenen Auftreten ab und lassen uns den Vortritt. Doch von rechts nähert sich eine Person, die es ebenfalls eilig zu haben scheint. Auch ihre Schritte verraten Entschlossenheit. Wir haben es demnach mit einem klassischen Machtkampf zu tun, der in ein Kräftemessen mündet: Wer ist stärker und setzt sich auf Kosten des anderen durch? Wer tritt einen Schritt zurück und riskiert dadurch, sein Ziel nicht pünktlich zu erreichen?
In unserem Kopf spielt sich in Bruchteilen von Sekunden folgendes ab: Wir sehen die Körpersprache unseres Kontrahenten und schließen von ihr auf seine innere Haltung. Wir bewerten seine Stärke und fragen uns gleichzeitig: »Bin ich der anderen Person ebenbürtig oder ihr gar überlegen? Wer ist dominanter, sie oder ich?«

Unterstellen wir einmal, daß wir bei diesem heimlichen Kräftemessen zu dem Ergebnis kommen, uns dem Kontrahenten nicht ganz gewachsen zu fühlen. Dann müssen wir uns, wollen wir unseren Bus nicht verpassen, ins Zeug legen. Wir rüsten nach, indem wir unsere Dominanz-Signale verstärken: Unser Schritt wird energischer; der Gang wird fester und wir gehen etwas schneller; wir richten uns auf und vermeiden konsequent den Blickkontakt mit dem Kontrahenten. Wenn auch bei ihm ähnliche Prozesse ablaufen, dann spitzt sich die Situation dahingehend zu, daß der Machtkampf erst in letzter Sekunde entschieden wird:

Wer trotz drohender Kollision die Stärke und die Nerven behält, seinen Weg fortzusetzen, kann den Machtkampf auf den letzten Zentimetern für sich entscheiden.

Aber nur meistens, denn es kommt in jeder Fußgängerzone durchaus zu kleinen Remplern, weil zwei gleich entschlossene Hochstatus-Passanten aneinandergeraten.

Das erstaunliche ist, daß wir diese Körpersignale der Dominanz in der Regel vollkommen unbewußt ergreifen, um anderen Menschen nicht ausweichen zu müssen. Die Kommunikation vollzieht sich überwiegend intuitiv und so selbstverständlich, daß uns die dahinter verborgene Hierarchisierung kaum auffällt.

Ein Schritt vor und zwei zurück

Eingangs haben wir bemerkt, daß es Situationen gibt, in denen wir anderen Personen ständig ausweichen müssen. Welche unbewußten Statussignale senden wir aus, daß sich die Mitmenschen trauen, uns den Weg abzuschneiden?

Bevor wir auf die Ebene der Körpersprache eingehen, beleuchten wir erneut die innere Haltung, die die äußere bedingt: Wir alle kennen Tage, an denen wir nicht ganz klar sind im Kopf. Vielleicht sind wir mit dem falschen Bein aufgestanden, vielleicht bedrücken und belasten uns gravierende Probleme, oder wir hängen irgendwelchen Gedanken nach. Wir sind verwirrt und unentschlossen und können keinen »klaren Standpunkt« entwickeln.

Wie sollen wir, wenn wir eine schwere Last zu tragen haben, die uns bedrückt, aufrecht gehen können? Wie können wir mit einem Kopf voll schwerer und verwirrender Gedanken »erhobenen Hauptes« gehen? Wenn wir innerlich schwanken, wie können wir da fest stehen? Und wie sollen wir, wenn wir nicht mal einen festen Standpunkt haben, in den labilen Zustand des Gehens übergehen, ohne zu schlingern?

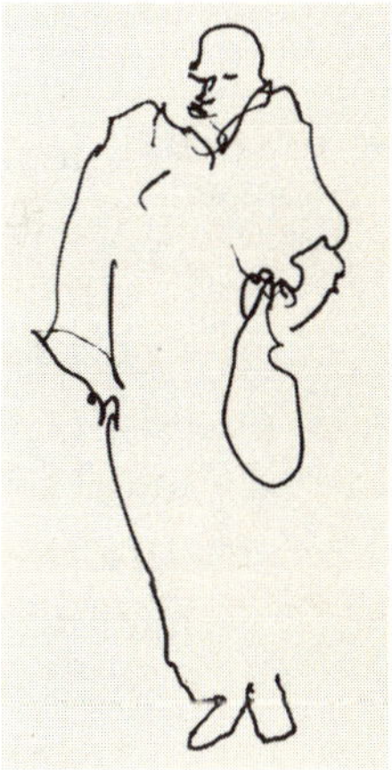

Die innere schwankende Haltung setzt sich um in eine äußere Haltung. Das innere Geknicktsein zeigt sich in der Körpersprache:

- Unentschlossenheit führt durch das Hängenlassen der Schultern und des Kopfes zu einem Verschließen des Oberkörpers und zu einer gebückteren Haltung.
- Wir senken den Blick und schauen zu Boden. Nur selten schauen wir mit einem kurzen Blick nach oben, um die notwendigsten Informationen zu sammeln.
- Die Bewegungen werden fahriger und die Schritte kürzer und langsamer. Unser Gang ist zögerlich.

Wir senden körpersprachliche Tiefstatus-Signale aus, die dem inneren Tiefstatus entsprechen.

Tiefstatus-Signale werden von den anderen Passanten als mangelnde Durchsetzungsfähigkeit interpretiert. Sie schneiden uns den Weg ab.

Wir verhalten uns komplementär, indem wir ihnen ausweichen oder einen Schritt zurücktreten.

Pas de deux

Wir möchten natürlich nicht den Eindruck erwecken, unsere Fußgängerzonen seien Orte permanenter Konflikte, in denen ein erbarmungsloser Machtkampf um die knappen Güter Zeit und Raum stattfindet. Die meisten von uns verhalten sich nur in Fällen akuten Zeitmangels dominant, um ihr Ziel möglichst schnell und auf Kosten anderer Passanten zu erreichen. In der Regel agieren wir überwiegend kooperativ, wenn es gilt, Wegerechte zu klären. Wir nehmen unsere Mitmenschen als Partner wahr. Grundlage dieser Partnerschaftlichkeit bezüglich unseres Fußgängerverhaltens ist die innere Haltung einer prinzipiellen Gleichrangigkeit gegenüber den anderen Passanten. Wir wollen diese weder über den Haufen rennen noch übertriebene Rücksicht walten lassen, indem wir ihnen selbstlos den Vortritt und damit den Raum überlassen.

Voraussetzung für eine partnerschaftliche Einstellung ist – neben einer respektvollen Grundhaltung unseren Mitmenschen gegenüber –, daß wir genügend Zeit mitbringen.

Die innere Haltung des Respekts und das Gefühl, Zeit zu haben, beeinflussen die äußere Haltung und bewirken ein körpersprachliches Verhalten, das auf Dominanz-Signale weitgehend verzichtet. Konkret bedeutet das:

- Bei bei einem drohenden Zusammenstoß versuchen wir, mit dem anderen Passanten Blickkontakt herzustellen. Durch diesen Blickkontakt, der nur einen Augenblick dauert, teilen wir dem Gegenüber die Botschaft mit: »Ich habe Sie gesehen und möchte mich partnerschaftlich mit Ihnen darüber einigen, wer wem wie ausweicht.«
- Nach dem vollzogenen Blickwechsel wenden wir unsere Augen in die Richtung, in die wir zu gehen beabsichtigen. Wir teilen dem Gegenüber also unsere intendierte Bewegungsrichtung mit.
- Durch eine leichte Körperdrehung und durch Andeutungen der Arme signalisieren wir zusätzlich, daß wir bereit sind, von unserer Ideallinie ein wenig abzuweichen.
- Unseren Absichtssignalen lassen wir Taten folgen: Durch ein oder zwei Ausweichschritte oder die Verlangsamung unserer Schritte machen wir dem Gegenüber Platz.

Ob die Einigung sich jedoch tatsächlich partnerschaftlich vollzieht, hängt natürlich auch von der anderen Person ab:

Kooperativ und auf Augenhöhe ist die Einigung nur dann, wenn auch das Gegenüber durch Abweichen von der Ideallinie Platz macht.

Sollte der andere Passant dagegen unsere Rücksicht dahingehend ausnutzen, daß er weder von der geraden Linie abweicht noch seine Schritte verlangsamt, dann verliefe der Konflikt nicht partnerschaftlich, sondern würde durch das »Recht des Stärkeren« gelöst.

Sind Sie rechts oder links?

Wir haben bisher ausschließlich individuelle Dispositionen angesprochen, die dazu führen, daß wir uns als Fußgänger gegenüber anderen Passanten entweder den Vortritt nehmen, einen Schritt zurücktreten oder uns partnerschaftlich verhalten. Danach scheint es so, als wäre die Klärung des Wegerechts im öffentlichen Raum einzig eine Frage persönlicher innerer wie äußerer Haltungen: Jede konflikthafte Fußgängersituation würde demnach nach Maßgabe individueller Stärke oder Schwäche neu ausgetragen.

Es gibt jedoch noch andere Faktoren, die Auswirkungen darauf haben, wie wir uns den knappen Raum mit anderen Menschen teilen:

- Begegnen sich zwei Menschen beispielsweise in Deutschland, Österreich, der Schweiz oder auch Frankreich auf einem Bürgersteig, so ist es höchst wahrscheinlich, daß sie rechts aneinander vorbeigehen.
- In England, Australien oder Neuseeland dagegen verhält es sich unter gleichen Bedingungen mit einer hohen Wahrscheinlichkeit genau umgekehrt: Sie gehen links aneinander vorbei.

Wenn Sie an den Autoverkehr der betreffenden Länder denken, wird klar: In Ländern mit Rechtsverkehr bewegen sich auch die Fußgänger tendenziell rechts, in Ländern mit Linksverkehr verhält es sich umgekehrt.

Der Autoverkehr prägt unser Fußgängerverhalten.

Für die nonverbalen Absprachen zwischen Passanten bedeutet diese Feststellung, daß wir uns in vielen unserer Begegnungen körpersprachliche Signale sparen können, um uns unsere Bewegungsrichtung mitzuteilen: Begegnen sich zwei Fußgänger auf einem Bürgersteig, so ist schon im Vorfeld geregelt, daß sie höchstwahrscheinlich rechts aneinander vorbeigehen werden. Mit feinen Körpersignalen muß dem jeweiligen Kommunikationspartner lediglich kommuniziert werden, daß man gewillt ist, sich an die Konvention zu halten.

Anders ist die Situation in einer Fußgängerzone, auf einem Schulhof oder einem freien Platz: Dort begegnen sich die Passanten nicht nur frontal, sondern sie laufen kreuz und quer durcheinander, und es kommt häufig auch zu seitlichen Begegnungen. Die stillschweigende Vereinbarung des Rechtsverkehrs ist auf viele der dortigen Begegnungen nicht übertragbar – die Passanten sind auf individuelle Absprachen angewiesen, wie wir sie oben bereits beschrieben haben.

Aber bestimmt können Sie sich auch an Situationen wie diese erinnern: Zwei Passanten stehen voreinander und vollführen eine Art Tanz miteinander. Beide vollziehen Ausweichschritte – der eine nach links, der andere nach rechts. Und schon stehen sie wieder voreinander. Blitzschnell schalten beide Passanten um: Derjenige, der gerade einen Ausweichschritt nach links vollzogen hat, schwenkt nach rechts aus, der andere Passant entsprechend auf seine linke Seite. Und wieder stehen sich die beiden frontal gegenüber. Dieses Spielchen wiederholen sie vielleicht noch einmal, bis

sie sich mit einem Lächeln auf den Lippen per eindeutigem Handzeichen den Weg weisen ...

Diese komische Situation basiert auf Mißverständnissen innerhalb der Kommunikation: Beide Passanten hatten die körpersprachlichen Signale der anderen Person falsch gedeutet und dementsprechend die falschen Schlüsse daraus gezogen. Blitzschnell schwenken sie gleichzeitig um – und stehen erneut voreinander.

Der unfreiwillige Tanz zwischen zwei Passanten ist das Ergebnis von mißverständlicher Kommunikation – harmlos und meist belustigend.

Beim Tanzen führt der Mann

Neben der Regel des Rechtsverkehrs für Fußgänger gibt es noch eine weitere Einflußgröße, die unser Fußgängerverhalten prägt – Geschlecht. Alle wissenschaftlichen Beobachtungen über unser Fußgängerverhalten belegen, daß Frauen Männern im öffentlichen Raum statistisch gesehen signifikant häufiger ausweichen als umgekehrt. Männer nehmen sich gegenüber Frauen also öfter den Vortritt, als Frauen das gegenüber Männern tun.

Sprechen wir dieses Phänomen des Wegerechts in Abhängigkeit vom Geschlecht in unseren Seminaren an, äußern zumindest die meisten Männer, sie könnten sich unmöglich vorstellen, daß sie sich als Fußgänger gegenüber Frauen derart dominant verhalten. Frauen sind diesbezüglich in der Regel sensibler: Sie spüren, daß sie vermehrte Anstrengungen unternehmen müssen, um halbwegs geradlinig an ihr Ziel zu gelangen. Auch berichten sie, daß sie immer wieder Situationen erleben, in denen ihnen ihre Zielstrebigkeit von Männern als Rücksichtslosigkeit ausgelegt wird. Doch wir sollten festhalten: Macht ist immer ein Verhältnis, an dem zwei Parteien beteiligt sind.

Ohne den weiblichen kleinen Schritt zurück könnte sich der männliche Vortritt nicht behaupten.

Aber wie verträgt sich diese statistisch erfaßte Besetzung des öffentlichen Raumes seitens des Mannes mit seinen Kavaliershandlungen? Hält der Mann einer Dame nicht die Tür auf und überläßt ihr beim Betreten eines Raumes den Vortritt? So rücksichtslos kann also das männliche Verhalten gar nicht sein!

Doch. Gerade dadurch, daß der Mann der Frau die Tür öffnet, unterstreicht er in Wahrheit seine Dominanz. Denn die heimliche Botschaft dieser scheinbar selbstlosen Handlung lautet: »Du, schwache Frau, hast zuwenig Kraft, die Tür muhelos zu öffnen. Das übernehme ich für dich, denn ich bin im Gegensatz zu dir stark.« Nach dem Öffnen der Tür hält der Kavalier diese fest und fordert die Dame auf: »Nach Ihnen.« Auch diese generöse Geste des Überlassens des Vortritts ist keinesfalls Ausdruck männlicher Selbstlosigkeit, sondern im Gegenteil wiederum Ausdruck von männlicher Dominanz: Der Kavalier diktiert die Situation, indem er die Dame durch die Tür weist. Er führt, sie läßt sich führen.

Hat der Mann einer Frau die Tür geöffnet und dieser beim Betreten eines Restaurants den Vortritt gelassen, dann verlangt es die »Höflichkeit« von einem Kavalier, daß er sofort nach dem Eintritt in die Lokalität wieder voranzugehen hat. Denn schließlich ist es seit Jahrmillionen die Aufgabe des Mannes, fremde Territorien zu besetzen und die Frauen vor den Gefahren zu schützen, die in der Fremde auf sie lauern könnten.

Die Kavaliersgesten dokumentieren männliche Überlegenheit: Das scheinbar selbstlose und höfliche Verhalten unterstreicht die Asymmetrie zwischen den Geschlechtern. Untersuchungen haben aufgedeckt, daß ausgerechnet die Männer, die sich für Edelmänner halten und überdurchschnittlich häufig wie Kavaliere handeln, die konservativsten Einstellungen bezüglich der Geschlechterhierarchie haben. Im Klartext: Traditionsbewußte Kavaliere halten in der Regel überhaupt nichts von der Gleichstellung der Geschlechter!

Kavaliershandlungen kommunizieren und bekräftigen den uralten Mythos vom »starken« und vom »schwachen« Geschlecht.

Sie sehen: Unser täglicher Gang durch Menschenmengen bietet ausreichend Anschauungsmaterial für eine spannende Analyse des Zusammenhangs zwischen Körpersprache, Dominanz, Geschlecht und Konflikt. Das besondere unserer Begegnungen mit anderen Menschen ist, daß wir sie zwar täglich erleben, uns

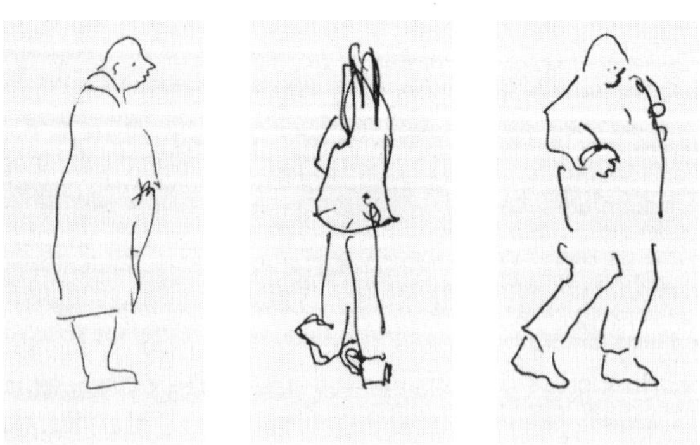

aber selten bewußt ist, wie komplex die Kommunikationsprozesse dort sind und welche herausragenden Rollen Dominanz und Körpersprache dabei spielen.

Wenn Sie das nächste Mal durch die Fußgängerzone gehen, spielen Sie doch einfach mal mit dieser Situation: Senden Sie Dominanz-Signale aus, und nehmen Sie sich einmal ganz »rücksichtslos« den Vortritt. Oder gehen Sie in den körpersprachlichen Tiefstatus und erleben Sie am eigenen Leib, was es heißt, »kein Bein auf den Boden zu bekommen«. Sie können wichtige Erfahrungen sammeln.

Vier Fäuste für ein Halleluja

Machos, Männlichkeit und Körpersprache

Jungen, junge Burschen und auch erwachsene Männer gehen in ihren Konflikten häufig sehr körperlich vor: Da wird gedroht und gebrüllt, aufgeblasen und gestarrt, gerempelt und geschubst, mitunter auch geschlagen und getreten. So befremdlich uns diese Formen der Konfliktaustragung, die zunehmend auch von Mädchen kopiert werden, zunächst erscheinen mögen – aus der Perspektive der Betroffenen sind sie höchst sinnvoll. Um diese Sinnhaftigkeit nachvollziehen zu können, werden wir hier die Rolle der Körpersprache bei der männlichen Konfliktaustragung und deren Funktion in bezug auf Männlichkeit näher beleuchten.

Beginnen wir mit einer Statistik, die wenig überraschend ist: Sämtliche Studien über Jugendgewalt belegen, daß die Mehrzahl der als gewaltbereit eingestuften Jugendlichen in ihrer Kindheit überdurchschnittlich oft mit Gewaltsituationen konfrontiert war. Sie wurden Opfer von (Prügel-)Strafen, Mißhandlungen und Übergriffen oder haben als Beobachter Gewalt zwischen den Elternteilen erlebt. Auf einen Nenner gebracht:

Gewalt kommt von Gewalt.

Jungen, die zu Hause Gewalt erleben, ob als Beobachter bei elterlichen Auseinandersetzungen oder bei Mißhandlungen am eigenen Leib, wenden mit einer hohen statistischen Wahrscheinlichkeit später selbst aktiv Gewalt an, wenn es gilt, Konflikte zu lösen oder das eigene Selbstwertgefühl auf Kosten anderer aufzubessern. Sie tendieren dazu, sich mit dem Mann zu identifizieren – sogar, wenn sie selbst das Opfer der Mißhandlungen ihrer Väter waren –, kopieren die Täter und neigen später zu erhöhter Gewaltbereitschaft.

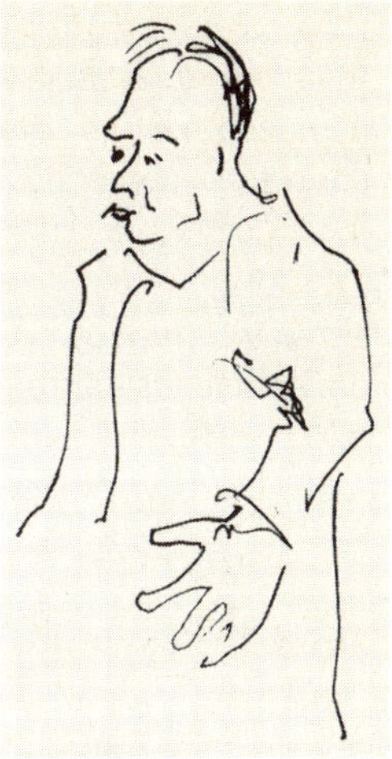

Darüber hinaus ist die Anwendung von Gewalt durchaus kompatibel mit den Leitbildern männlicher Identität wie Durchsetzungsfähigkeit, Risikobereitschaft und Überlegenheit. Der Kriminologe Christian Pfeiffer bringt es auf den Punkt: »Wir haben kein Jugendgewaltproblem, sondern ein Jungen-Gewaltproblem.«

Gewalt ist männlich.

Man müßte natürlich hinzufügen, daß sich diese provokative Aussage allein auf körperliche Gewalt bezieht. Die Gewalttat Mobbing beispielsweise wird – statistisch betrachtet – häufiger von Frauen begangen.

Neulich in der Disko

Schauen wir uns konflikthafte Situationen von männlichen Jugendlichen genauer an: Unter welchen Bedingungen kommt es zu Streitigkeiten? Wie verlaufen die Konflikte, welche Bedeutung hat eine dominante Körpersprache in diesen Auseinandersetzungen, und was hat das alles mit Selbstwert und Männlichkeit zu tun?

Wenn wir uns als Ort des Konflikts eine Diskothek aussuchen, sollten wir anfügen, daß der Streit ebenso gut in einem

Klassenzimmer, einem Jugendheim, auf dem Schulhof oder auch auf dem Bürgersteig einer x-beliebigen Groß- oder Kleinstadt hätte stattfinden können.

Die Diskothek ist relativ leer, da es noch früh am Abend ist. Ein junger Bursche im Alter von 17 Jahren, nennen wir ihn Kevin, betritt den großen Saal. Ein anderer Jugendlicher im Alter von 18 Jahren – Hassan – sitzt bereits lässig auf seinem Stuhl und beobachtet entspannt das Geschehen in der Disko. Die beiden sehen sich zum erstenmal.

Hassan ist der heimliche King der Disko – der »Platzhirsch«. Er wird von seinen Kumpels stillschweigend als der coolste und stärkste Typ akzeptiert und gefürchtet. Abschätzend mustert Hassan den unbekannten Neuankömmling Kevin. Dessen Blicke wiederum streifen umher und loten erst einmal die Lage aus. Nach einigen Sekunden fällt Kevins Blick auch auf Hassan, der noch immer locker auf seinem Stuhl sitzt. Es kommt zum ersten Augenkontakt. Blitzschnell verwandelt sich Hassans Blick: Er schaut nicht mehr abschätzend, sondern drohend und bohrend und versucht, durch den stechenden Blick nicht nur seine eigene Stärke zu dokumentieren, sondern gleichzeitig den Neuankömmling Kevin einzuschüchtern. Hassan fordert ihn nonverbal auf, klein beizugeben.

Doch Kevin denkt gar nicht daran. Er hält Hassans bohrendem Blick stand und fragt provozierend:

»Ey Typ, was glotzt du so blöd? Hasse 'n Problem oder was?!«

Kevins Aussage enthält neben den verbalen Verletzungen (»Typ«; »glotzen«; »blöd«) auch körpersprachliche Dominanzsignale: Die aufrechte Haltung, der in Richtung Kontrahent ausgestreckte Zeigefinger und der erwiderte bohrende Blick unterstreichen Kevins Anspruch auf Dominanz. Der sitzende Hassan soll durch diese Reaktion eingeschüchtert und von weiteren Provokationen abgehalten werden.

Die Antwort des Sitzenden läßt natürlich nicht lange auf sich warten:

»Ich kann gucken, wie ich will. Das geht dich 'nen Scheißdreck an! Verpiß dich!«

Lässig bleibt Hassan auf seinem Stuhl sitzen und hält den bohrenden Blick weiter auf Kevin gerichtet. Mit einem verächtlichen Lächeln grinst er Kevin an.

Dieser entgegnet mit gehaltenem Blick:

»Guck weg, sonst gibt's Ärger!«

»Wollen wir doch mal sehen!« Mit diesen Worten erhebt sich Hassan von seinem Stuhl, wirft sich in seine Brust, starrt Kevin weiter an, legt den Kopf leicht in den Nacken und geht langsam auf den Kontrahenten zu.

Mit gegenseitigen verbalen Beleidigungen kommen sich die beiden näher und heften dabei ununterbrochen die Blicke aufeinander. Im Abstand von nur zehn Zentimetern bleiben sie voreinander stehen. Beide sind weit in das gegnerische Territorium eingedrungen. Dadurch signalisieren sie einander nicht nur Angstlosigkeit und Entschlossenheit, sondern versuchen gleichzeitig, den Gegner einzuschüchtern. Da sich jedoch beide Kontrahenten gleichermaßen unbeeindruckt von den Invasionen ihres Gegners zeigen, wird auch diese Waffe stumpf: Kevin und Hassan befinden sich in einer Pattsituation, weil sich keiner der beiden Kampfhähne unterwirft.

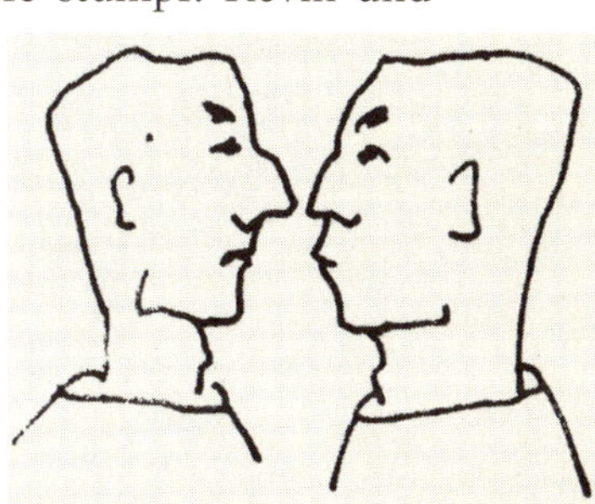

Um diese Pattsituation aufzuheben, sind weitere Eskalationsstufen in dem Konflikt unvermeidlich: Der Abstand zwischen Hassan und Kevin wird weiter verringert. Es kommt zu ersten Körperkontakten. Mit den aufgeblasenen Brustkörben wird gedrückt und geschubst.

Sollte sich auch auf dieser Ebene des Drückens mit dem Oberkörper ein Gleichgewicht des Schreckens zwischen den beiden einstellen, wird der Körpereinsatz erhöht: Mit Armen und Händen wird der Kontrahent geschubst. Die Schubser sollen dem Gegner aber nicht nur die eigene Kraft und Kampfbereitschaft beweisen, sondern zusätzlich soll er von seinem Territorium vertrieben werden. Daher wird derjenige, der vielleicht nur ein paar Zentimeter zurückgedrängt worden ist, unverzüglich versuchen, das verlorene Gelände zurückzuerobern. Denn die Anerkennung der Vertreibung durch Verzicht auf Zurückeroberung würde heißen, die Dominanz des Kontrahenten und damit die eigene Unterlegenheit zu akzeptieren. So werden sich Kevin und Hassan gegenseitig einige Male wegschubsen und dabei ihren Krafteinsatz ständig erhöhen.

Blenden wir uns für kurze Zeit aus dem Kampfgeschehen aus, und fassen wir die körpersprachlichen Signale zusammen:

1. Der Gegner soll, damit er aus Angst vor einem Kampf und den damit verbundenen Verletzungen kapituliert, durch **Signale des Drohens** (= Heben des eigenen Status) eingeschüchtert werden:

- laute Stimme
- gehaltener Blick
- Muskelspiel
- aufgeblasener Körper
- aufrechte Haltung

2. Parallel dazu soll der Gegner durch **symbolische Verletzungen** (= Senken des gegnerischen Status) geschwächt werden:

- Beleidigungen
- bohrender Blick
- verächtliche Stimme
- invasives Verhalten
- Vertreibungen durch Schubser

Wir bezeichnen die geschilderten Verletzungen als symbolhaft, da ein bohrender Blick, ein verächtliches Lächeln oder eine territoriale Vertreibung nur deshalb weh tun, weil die Kontrahenten ihnen symbolische Bedeutung zumessen:

Ein stechender Blick schmerzt ebensowenig physisch wie ein spöttisches Lächeln oder der Zeigefinger vor der Nase des Kontrahenten. Diese Waffen zielen auf die »Ehre« des Gegners und weniger auf dessen Körper.

Erst wenn diese Mittel der symbolhaften Kränkung und Verletzung des Gegners mittels dominanter Körpersprache fehlgeschlagen bzw. ausgeschöpft sind, wird die Schwelle vom **körpersprachlich-symbolhaften** zum **real-körperlichen Kampf** überschritten. Alle weiteren Angriffe zielen nicht mehr auf die Ehre und somit die Psyche des Kontrahenten, sondern dienen der unmittelbaren Verletzung seines Körpers. In einem real-körperlichen Kampf soll der Gegner physisch kampfunfähig und besiegt werden.

Kampflos siegen

Wir möchten, bevor wir auf die Ebene der real-körperlichen Kämpfe eingehen, noch einmal betonen: Das Ziel des Einsatzes von körpersprachlich-symbolhaften Gebärden ist in den meisten

Konflikten nicht der Kampf, sondern die kampflose Unterwerfung des Kontrahenten. Die Signale der Darstellung von überlegener Körperkraft und die symbolischen Verletzungen sollen den Kontrahenten verängstigen und dazu bewegen, aus Angst vor weitergehenden Verletzungen frühzeitig aufzugeben und sich symbolisch zu unterwerfen.

Eine dominante und aggressive Körpersprache dient der psychischen Destabilisierung des Kontrahenten und soll diesen möglichst kampflos zur Unterwerfung zwingen.

Das heißt: In jeder Phase des bisher rein körpersprachlich-symbolhaft verlaufenen Kampfes bestand für beide Jugendlichen die Möglichkeit der Vermeidung einer weiteren Zuspitzung:

- Hätte Kevin gleich zu Beginn des Konflikts seinen Blick abgewendet, als Hassan ihn abschätzend musterte, wäre es zu keinen weiteren Eskalationen gekommen.
- Hätte Hassan relativ frühzeitig erkannt, daß Kevin ihm gewachsen ist, hätte er zurückweichen können, als dieser sich ihm näherte. Mit Hilfe weiterer Signale der Besänftigung (z. B. Blicksenken, devote Haltung, verbale Deeskalation) wäre Hassan weitgehend ungeschoren aus dem Konflikt herausgekommen.
- Würde Kevin während der Phase des Schubsens die Entschlossenheit und körperliche Ebenbürtigkeit seines Gegners spüren, könnte er durch Überlassen des eroberten Territoriums, also durch Verzicht auf Re-Invasion, den eigenen Status durch Rückzug senken und dadurch die Überlegenheit Hassans anerkennen.

Auch wenn wir bei den Kämpfen zwischen männlichen Kindern und Jugendlichen eine zunehmende Brutalisierung feststellen, so müssen wir doch zugestehen, daß nur in einem Bruchteil ihrer Konflikte die Grenze hin zu einem tatsächlichen körperlichen Kampf überschritten wird. In über 90 Prozent der Auseinandersetzungen werden durch einseitige, frühzeitige und symbolische Unterwerfungen weitere Eskalationen vermieden: Einer der beiden Kontrahenten gibt während einer der vorgestellten Konfliktphasen klein bei und trägt durch seine Demutsgesten zur vorzeitigen Beilegung des Konflikts bei. Diese körpersprachliche Statussenkung zur Vermeidung von Verletzungen kann aus zwei Gründen erfolgen:

1. Die sich ergebende Person fühlt sich tatsächlich körperlich unterlegen und handelt aus Angst.
2. Die sich ergebende Person vollzieht die Besänftigung taktisch und handelt aus Besonnenheit: Der Klügere gibt nach.

Die Forscherin Jane Goodall untersuchte eingehend das Verhalten von Primaten und stellte fest: Auch die Rangordnungskämpfe bei Schimpansen werden überwiegend körpersprachlich-symbolisch und nur selten direkt körperlich geregelt. Die Mehrzahl der Streitigkeiten um Dominanz wird entschieden, ohne daß es zwischen den Schimpansen zu gewalttätigen Auseinandersetzungen oder gar Verletzungen kommt. Drohsignale in Verbindung mit dreistem und selbstsicherem Auftreten von Alpha-Tieren reichen in der Regel aus, mögliche Rivalen von der Sinnlosigkeit eines Kampfs zu überzeugen und diese abzuschrecken.

Ähnliche Prozesse lassen sich auch bei männlichen Jugendlichen beobachten: Wer aggressiv auftritt, zwingt viele potenzielle Kontrahenten zur frühzeitigen, kampflosen Unterwerfung.

Nicht etwa der Sieg in einem Kampf, sondern der psychologische Faktor eines unerschrockenen, aggressiven und furchterregenden Auftretens spielt die zentrale Rolle bei der Errichtung oder Bekräftigung von Hierarchien.

Sollte es dennoch zu rituellen Kämpfen zwischen zwei Kampfhähnen kommen, bedeutet das keineswegs zwangsläufig, daß

diese Streitereien blutig enden. Im Gegenteil: Jede Erzieherin, aber auch jeder Lehrer oder Sozialarbeiter beobachtet täglich Dutzende derartiger ritueller Kämpfe zwischen meist männlichen Kindern oder Jugendlichen, die nach den oben skizzierten ungeschriebenen Gesetzen von Dominanz und Unterwerfung auf rein körpersprachlicher Ebene entschieden werden. Manchmal scheint es sogar, als würden die Gegner diese ritualisierten Phasen des

Streits bewußt in die Länge ziehen, um nach weiteren Möglichkeiten der Kampfvermeidung zu suchen. Wenn beispielsweise Freunde, mutige Passanten, Lehrer oder Sozialarbeiter in einem Konflikt einschreiten, bevor die Grenze hin zum tatsächlichen Kampf überschritten ist, bestehen große Chancen, den Streit durch diese Intervention von außen leicht und schnell zu beenden.

Kampfhähne sind häufig dankbar für Interventionen von außen, denn sie ermöglichen ihnen in einem zugespitzten Konflikt einen Kampfabbruch ohne Gesichtsverlust (= Verlust von Männlichkeit).

Gleichzeitig bietet die Einhaltung des idealtypischen Phasenverlaufs den beteiligten Kontrahenten die Gewähr, daß der Konflikt berechenbar bleibt. Denn die Eskalation des Streits folgt einer Reihenfolge, bei der auf jeder Stufe eine neue Intensität der eingesetzten körpersprachlichen Mittel zu beobachten ist:

1. Drohen und Verletzen mittels drohender Blicke
2. Aufblasen und Aufrichten zwecks Abschreckung
3. Sich näher kommen als erste Stufe territorialer Invasion
4. Schubser als zweite Stufe territorialer Invasion

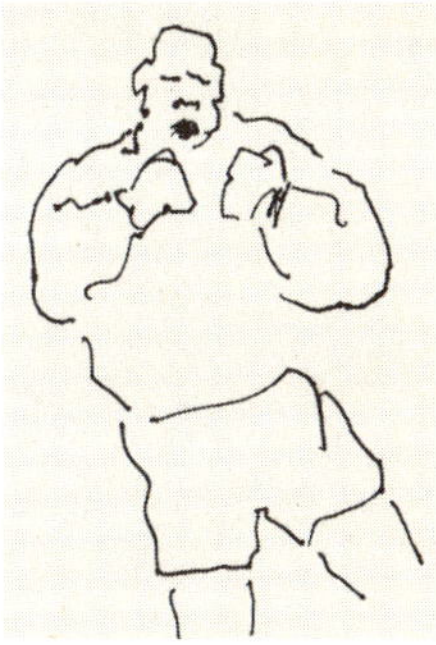

Zu jeder Zeit können beide Konfliktparteien für sich entscheiden, ob sie auf die jeweils nächste Eskalationsstufe wechseln oder ob sie durch symbolische Unterwerfung den Konflikt beenden möchten. Der idealtypische Phasenverlauf bietet Sicherheit und beugt Verletzungen vor.

Ein verletzungsfreier Ausstieg ist bei einem ritualisierten Kampf jederzeit möglich – wenn auch um den Preis des Verlustes von Männlichkeit.

Ausnahmen bestätigen die Regel

Selbstverständlich gibt es auch Konfliktverläufe, die nicht dem oben skizzierten ritualisierten Ablauf körpersprachlicher Eskalationsstufen entsprechen. Scheinbar aus dem Nichts kommt es zu heftigen Remplern oder in Ausnahmefällen sogar zu sofortigen Schlägen, ohne daß von außen erkennbare symbolisch-ritualisierte Kämpfe auf der körpersprachlichen Ebene vorangegangen waren. Für diese Form des Überspringens »klassischer« Eskalationsstufen gibt es in der Regel zwei Ursachen:

1. Werden ritualisierte oder auch tatsächliche Kämpfe durch Abbruch oder durch Intervention von außen beendet, so ist das Problem nicht gelöst. Die Kampfhähne trennen sich, aber der Konflikt ist nur vertagt. Wenn die beiden Parteien bei der nächsten Gelegenheit aufeinandertreffen, kann es sein, daß der Konflikt genau an dem Punkt ansetzt, an dem er beim letzten Zusammentreffen abgebrochen wurde. Der rituelle Kampf muß nicht erneut mit allen seinen Phasen durchlaufen werden. Der Übergang zum real-körperlichen Kampf kann innerhalb von wenigen Sekunden erfolgen. Für Beobachter des aktuellen Konflikts mag sich die Heftigkeit der plötzlichen Eskalation nicht erschließen – für die beiden Parteien ist die plötzliche Explosion vor dem Hintergrund vergangener abgebrochener Kämpfe jedoch logisch.
2. Wer in einem Streit einen überraschenden und verletzenden Erstschlag landen kann, befindet sich im Vorteil. Das unerwartete Überspringen symbolischer Kampfeshandlungen beweist dem Kontrahenten nicht nur die eigene besondere Brutalität und Unerschrockenheit, sondern kann kampfentscheidend sein: Wer ohne Ankündigung einen heftigen Schlag ins Gesicht des Gegners landet, kann diesen besiegen, ohne daß er auch nur im geringsten zu einem Gegenschlag in der Lage wäre. Ein derartiger Angriff vermag einen Konflikt innerhalb von Sekunden zu entscheiden. Aus der Sicht des Täters gibt es für diese Art von Angriff eine einfache Rechtfertigung: Er deklariert den eigenen Angriff als präventiven Erstschlag. Legitimiert wird diese »angreifende Verteidigung« aus einer Opferhaltung heraus: »Der wollte Streit. Da habe ich zuerst

reagiert und …« Im Irak-Krieg nannten die USA diese Art von Angriffskrieg offiziell eine »präventiv angreifende Verteidigung«.

Konflikte, die nach diesem Schema verlaufen, bergen die Gefahr einer explosionsartigen Eskalation in sich – im Kleinen wie im Großen.

Real-körperliche Kämpfe

Beobachten wir noch einmal Kevin und Hassan: Was geschieht, wenn alle Mittel des körpersprachlich-symbolischen Kampfes bis hin zu Schubsern ausgeschöpft sind und entgegen der statistischen Wahrscheinlichkeit keiner durch Signale der Statussenkung kapituliert? Dann befinden sich die beiden Kampfhähne an der Schwelle zu einer neuen Dimension ihres Konflikts. Kevin und Hassan erkennen, daß niemand dem anderen auf der rituellen Kampfebene des Drohens, Abschreckens und symbolischen Verletzens signifikant überlegen ist. Den beiden Kontrahenten bleiben zwei Optionen: Entweder sie finden einen Ausweg, der eine Vertagung des Konflikts ohne Verletzungen und Gesichtsverlust ermöglicht (z. B. durch Intervention von außen), oder sie überspringen die Grenze hin zur körperlichen Auseinandersetzung und kämpfen real gegeneinander. Dann allerdings verändern sich auch die Bedingungen des Kampfes:

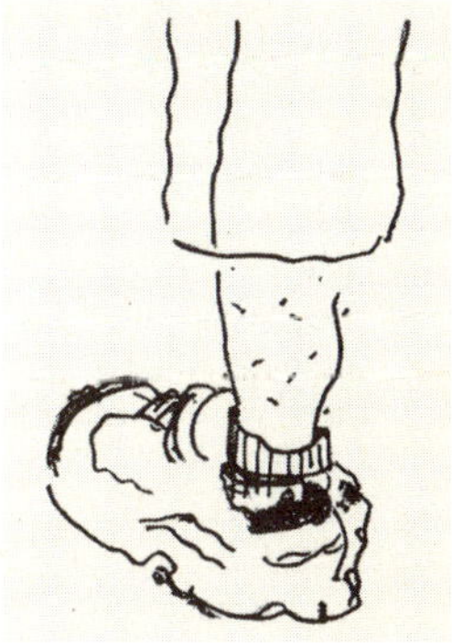

- Der real-körperliche Kampf unterscheidet sich von dem körpersprachlich-symbolhaften Kampf dadurch, daß die Verletzungen, mit denen sich die Kontrahenten gegenseitig schwächen wollen, nicht mehr psychischer, sondern physischer Natur sind. Schläge, Tritte, Würger, Hebel oder gar Stiche sollen einen so großen reellen körperlichen Schmerz beim Kontrahenten erzeugen, daß dieser kampfunfähig gemacht und somit zur Aufgabe gezwungen wird. Die Angriffe gelten nicht mehr der Ehre, sondern dem Körper des Gegners.

- Eine Deeskalation durch Signale der Besänftigung und Beschwichtigung des unterlegenen Kontrahenten ist nicht mehr ohne weiteres möglich. Das Sich-Ergeben der besiegten Person führt nicht dazu, daß die Verletzungen durch den Sieger unmittelbar eingestellt werden. Es kommt trotz einseitiger Kapitulation häufig zu weiteren Übergriffen seitens des siegreichen Konfliktgegners.

Fragen Sie einmal die Männer aus Ihrem Freundes- und Bekanntenkreis, wie oft sie in einen dieser Konflikte verstrickt waren, in denen die oben markierte Grenze hin zum realen Kampf überschritten wurde. Sie werden, wenn Sie Männer aus der Mittelschicht befragen, zu erstaunlichen Ergebnissen kommen: fast niemand! Die meisten haben sich noch nie oder höchst selten »richtig« geprügelt. Eine aktuelle Befragung von männlichen Gymnasiasten, die die Oberstufe besuchen, kommt zu den gleichen Ergebnissen: Konflikte werden üblicherweise mit scharfer Zunge statt mit Fäusten geregelt. Eine körperliche Konfliktaustragung kann im Gegenteil für einen Oberstufenschüler sogar statussenkend sein. Wenn Sie sich die körpersprachlichen Verhaltensweisen von Gymnasiasten einer Oberstufe genauer anschauen, werden Sie entdecken, daß diese ein deutlich abgeschwächteres männliches Imponiergehabe zeigen und weniger fossile Drohgebärden äußern als beispielsweise Hauptschüler.

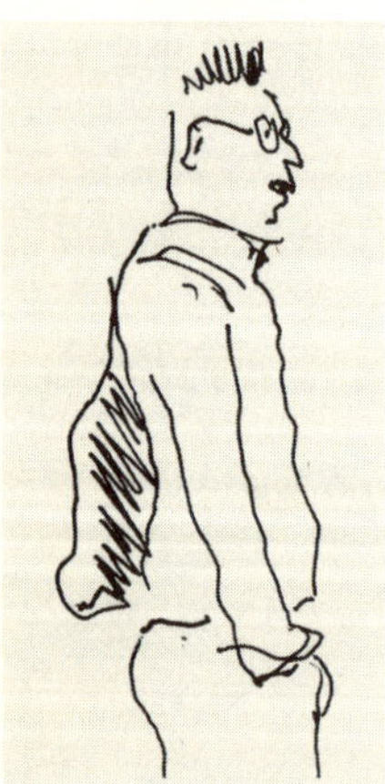

Gymnasiasten und Hauptschüler sprechen nicht die gleiche (Körper-)Sprache.

Ganzer Kerl oder halbe Portion

Jugendliche, denen die Aussicht auf gute Schulnoten und späteren beruflichen Erfolg verwehrt bleibt, greifen bevorzugt auf den eigenen Körper als Ort der Symbolisierung von Männlichkeit zurück. Ständig wird die eigene körperliche Überlegenheit inszeniert.

Die Körpersprache von Jugendlichen aus »bildungsfernen« Schichten strotzt nur so von Imponiergehabe und Drohgebärden.

Kein Wunder, daß sich männliche Jugendliche der unteren Schichten, die im Kampf um knappe Arbeitsplätze anderen Jungen oder auch Mädchen zu unterliegen drohen, auf jenen Bereich fixieren, in dem die männliche Überlegenheit noch funktioniert: Körperkraft. Auch ihre zunehmende Gewaltbereitschaft verweist auf eine wenig zeitgemäße Auslegung und Realisierung der Leitbilder von Männlichkeit: Die Frage von Durchsetzungsvermögen, Mut und Stärke wird in Kategorien von Alkoholverträglichkeit, Muskeln, krimineller Energie und Kampferfahrung bemessen. Um seinen Körper zu stählen und auf dem Gebiet des Kampfes Überlegenheit zu demonstrieren, dazu bedarf es keines gebildeten Elternhauses, keiner guten Noten, keiner sprachlichen Gewandtheit und

keiner emotionalen oder rationalen Intelligenz. Ein Körper läßt sich – im Gegensatz zum Intellekt – notfalls auch ohne fremde und professionelle Hilfe individuell »bilden«.

Der gestählte und zur Schau gestellte Männerkörper wird in Ermangelung anderer Möglichkeiten zur wichtigsten Ressource männlicher Dominanz.

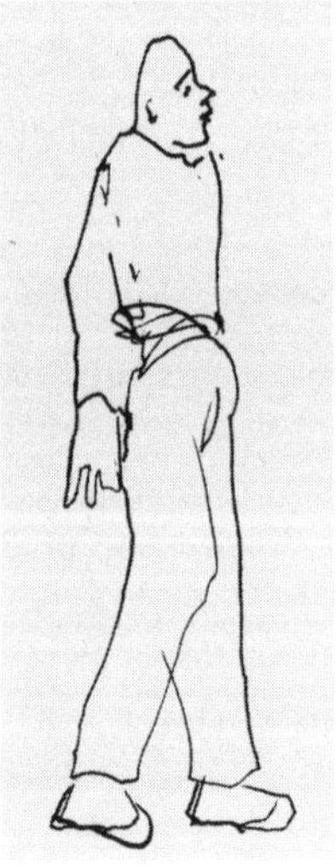

Das Wiedererstarken eines aufgeblasenen Körperkults und einer erhöhten Gewaltbereitschaft bei Jungen, Jugendlichen und jungen Männern aus bildungsfernen Schichten ist ein »Aufstand fossiler Männlichkeit«. Denn Körperkraft stellt in den meisten Berufen keinen objektiven Vorteil mehr dar, um Erfolg zu erlangen und die männliche Funktion des Ernährens und Beschützens wahrzunehmen. Körperkraft als konstituierendes Element von überlegener Männlichkeit hat gesellschaftlich ausgedient. Um seinen Mann zu stehen, dazu bedarf es heutzutage eher mentaler Stärke und emotionaler sowie intellektueller Kompetenz denn Muskeln. Kraftraubende Tätigkeiten werden überwiegend von Maschinen erledigt.

Der Muskelprotz hat seine Schuldigkeit getan und wird auf dem Müllhaufen der Geschichte entsorgt.

Marginalisierte Jugendliche und junge Männer kämpfen verzweifelt gegen die materielle und vor allem ideelle Erosion eines traditionellen männlichen Überlegenheitskonstrukts, das auf körperlicher Überlegenheit basiert. Sie können oder wollen nicht wahrhaben, daß sich Männlichkeit heutzutage anders konstituieren muß als auf der Basis von unerschrockenem Auftreten, Körperkraft und Kampfbereitschaft. Und natürlich fehlen ihnen auch alternative Möglichkeiten. Aus diesem Grund fungieren Drohgebärden, Imponiergehabe und muskuläre Stärke für diese Jugendlichen als maskuline Selbstbestätigung, die ihnen kurzzeitig das Gefühl von Selbstwert und Überlegenheit vermittelt.

Kindliche Erfahrungen der Entwertung und gesellschaftlich verweigerte Wertschätzung sollen dadurch kompensiert werden, daß von den Mitmenschen der fehlende Respekt gewaltsam erpreßt wird, indem diese durch martialisches und aggressives Auftreten eingeschüchtert und verängstigt werden.

Dominantes Auftreten verschafft die Illusion von Selbstwert, Anerkennung und Überlegenheit.

Das heißt: Überall dort, wo Jugendlichen persönliche oder gesellschaftliche Anerkennung verwehrt bleibt, tendieren sie dazu, sich diese Anerkennung mit den Mitteln zu verschaffen, über die sie meisterlich verfügen – unerschrockenes Auftreten, Brutalität und körperliche Überlegenheit.

Körpersprache als Peilgerät

Vor dem Hintergrund dieser Überlegungen wird deutlich, warum diese Jugendlichen derart sensibel auf die dominante Körpersprache anderer männlicher Personen reagieren:

- Körpersprachliches Dominanz-Verhalten anderer Jugendlicher wird von ihnen als verweigerter Respekt empfunden. Verweigerter Respekt wiederum wird als erneute Kränkung und Verletzung des ohnehin schwachen Selbstwertgefühls erlebt und muß mit einem Gegenangriff geahndet werden.

- Körpersprachliches Dominanz-Verhalten anderer Jugendlicher wird interpretiert als Angriff auf die eigene Überlegenheit. Um das eigene Selbstwertgefühl, das an körperliche Überlegenheit gekoppelt ist, zu heben, wird der Konkurrent entwertet. Dessen Verletzung dient der eigenen Heilung. Mit der Statussenkung des Konkurrenten wird die Illusion eigener Überlegenheit genährt. Die ständige Suche nach Beweisen für die eigene Überlegenheit basiert auf dem Gefühl mangelnden Selbstwerts und Unterlegenheit. Die betreffenden Jugendlichen sind ständig darauf bedacht, durch die Entwertung anderer sich selbst aufzuwerten. Konflikte werden als Möglichkeit eigener Aufwertung aktiv gesucht.

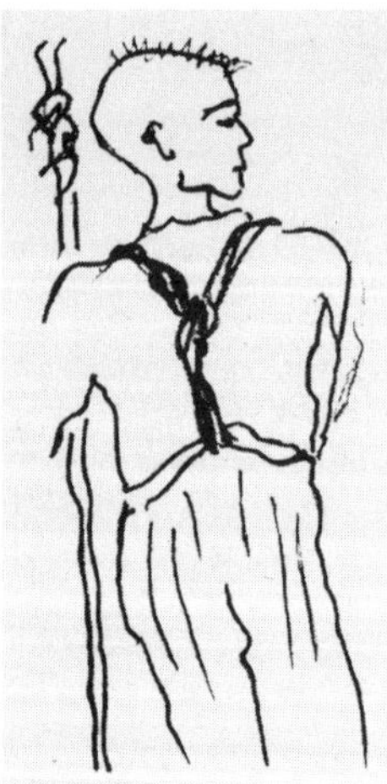

Wer unter einem unterentwickelten Selbstwertgefühl leidet, der hat eine erhöhte Tendenz, dominantes Verhalten anderer Menschen als respektlos und als Angriff auf das eigene Selbstwertgefühl zu empfinden. Wenn ein Jugendlicher die Hochstatus-Körpersprache eines anderen jungen Mannes schon als verweigerten Respekt und Angriff auf das eigene Selbstwertgefühl empfinden kann, dann wird eine dominante Körpersprache für alle Beteiligten zu einer Art Peilgerät:

Männliche Jugendliche mit einer Hochstatus-Körpersprache suchen und finden sich.

Sie sehen einander nicht nur als Provokateure, Konkurrenten und Täter, sondern auch als willkommene Opfer für eigene Aufwertungen. Sie fühlen sich wie Magneten zueinander hingezogen und geraten nahezu zwanghaft und scheinbar automatisch aneinander.

Umgekehrt laufen Jugendliche mit einer nicht-dominanten Körpersprache weniger Gefahr, zur Zielscheibe von gewaltsamen Herabsetzungen zu werden. Wer sich nicht aufbläst, stellt keine automatische Provokation für gewaltbereite Jugendliche dar und muß von diesen auch nicht erniedrigt werden. Wer nicht mit ständigem Imponier-Gehabe durch die Gegend läuft, wird selten »angepeilt« und provoziert.

Der Klügere gibt nach

Kehren wir zurück in die Disko: Nehmen wir einmal an, daß ein Junge – nennen wir ihn Lars – über ein gesundes Selbstbewußtsein verfügt und seine Männlichkeit dadurch unter Beweis stellt, daß er ein guter Schüler, ein verbal schlagkräftiger Typ und zugleich ein guter Basketballer ist. Lars ist bei seinen Kumpels beliebt und wird von den Mädels begehrt. In Ermangelung von attraktiven Alternativen besucht Lars die gleiche Disko, in der auch Kevin und Hassan verkehren.

Im Gegensatz zu Hassan, der sich mit Kevin in die Haare kriegt, kann Lars sich frei und sorglos in der Disko bewegen. Er muß nur darauf achten, daß er nicht allzu dominant auftritt. Bei dem geringsten Anlaß zur Konfrontation mit Jugendlichen wie Kevin oder Hassan tut Lars gut daran, seinen körpersprachlichen Status kurzzeitig zu senken: Er wendet seinen Blick frühzeitig ab, agiert in deren Beisein raumreduziert und spielt sich nicht auf. Er nimmt eine leicht gebückte Haltung ein und läßt kleine Provokationen von Typen wie Kevin oder Hassan unbeantwortet.

Diese Statussenkung fällt Lars nicht schwer, denn schließlich knüpft er sein Selbstwertgefühl nicht daran, körperliche Überlegenheit zu demonstrieren. Weil auch seine Freunde ähnlich denken und fühlen wie er, ist es für Lars leicht, durch körpersprachliche Signale des Tiefstatus einen Streit frühzeitig zu entschärfen, ohne in seiner Bezugsgruppe oder vor sich selbst einen Statusverlust zu erleiden und das Gesicht zu verlieren.

Lars definiert seine Männlichkeit augenscheinlich anders als Kevin und Hassan. Nicht, daß er darauf verzichten würde, die in unserer Gesellschaft gültigen Leitbilder von Männlichkeit wie Durchsetzungsvermögen, Stärke, Mut und Risikobereitschaft zu verwirklichen. Im Gegenteil sieht sich Lars durchaus als »ganzer Kerl«. Aber er beweist seine Männlichkeit dadurch, daß er nicht nur vielseitige intellektuelle Interessen und Fähigkeiten hat, sondern auch körperlich fit ist und im Basketball seinem großen Vorbild Dirk Nowitzki nacheifert.

Seine männliche Überlegenheit und seine Coolness stellt Lars in Konflikten mit Typen wie Kevin und Hassan dadurch unter Beweis, daß er einen kühlen Kopf bewahrt und eine Lösung sucht, die den eigenen Interessen gerecht wird – nämlich körperlich unversehrt zu bleiben.

Überlegenheit läßt sich auch dadurch zeigen, daß man die Größe aufbringt, in einem Konflikt – ohne inneren Statusverlust – äußerlich klein beizugeben.

Lars empfindet seine taktische Statussenkung nicht etwa als Niederlage, sondern im Gegenteil als Ausdruck seiner Coolness und Stärke: Der Klügere gibt nach. Er hat ein derart starkes Selbstwertgefühl und Selbstbewußtsein, daß er sich durch Beleidigungen und Herabsetzungen von Jugendlichen wie Kevin oder Hassan nicht entwertet fühlt. Im Gegenteil: Innerlich balanciert er die Wippe zu seinen Gunsten aus, indem er sich gedanklich und gefühlsmäßig über die Kontrahenten stellt: »Mein Gott, wie einfach strukturiert sind doch Hassan und Kevin. Auf deren primitive Ebene der Konfliktaustragung laß ich mich nicht herab.« Lars muß jedoch aufpassen: Seine Überheblichkeit darf er äußerlich nicht kommunizieren, sonst setzt es Hiebe. Er sollte seine innere Überlegenheit und Dominanz vor Kevin und Hassan hinter einer Fassade von körpersprachlichem Tiefstatus verstecken.

Wenn wir jetzt die Herkunft von Lars beleuchten, schließt sich der Kreis: Er ist mit einer hohen Wahrscheinlichkeit in einem Elternhaus aufgewachsen, in dem er eher geliebt, ermuntert und aufgewertet als erniedrigt, gestraft und verletzt wurde. Auch hat Lars seitens seiner Bezugspersonen frühzeitig die emotionale und geistige Förderung und Unterstützung erhalten, die für die kindliche Entwicklung von Intelligenz und sozialer Kompetenz notwendig sind. Folgerichtig besucht Lars das Gymnasium, in dem er zusätzlich gefördert und gebildet wird. Schulischen Unterricht erlebt er – im Gegensatz zu Hassan und Kevin – nicht etwa als durchgehenden Mißerfolg und strukturelle Entwertung, sondern als fördernd und aufwertend: Lars erbringt gute Leistungen und erzielt ansprechende Noten. Von seinen Lehrerinnen und Lehrern bekommt er viel Anerkennung und eine gute Förderung. Lars ist schulisch erfolgreich und festigt auf dieser Basis sein ohnehin gesundes Selbstbewußtsein. Und im Basketballverein ist er der »King«.

Dank umfassenden Anregungen und der Unterstützung von Elternhaus, Schule und Verein hat Lars vielseitige Fähigkeiten, Fertigkeiten und auch Einstellungen entwickeln können, wie Männlichkeit heutzutage interpretiert werden kann, um erfolgreich zu sein: Er ist nicht nur intelligent und gilt als sozial, sondern er weiß sich auch durchzusetzen, ist beharrlich, mental belastbar und mutig. Lars ist innerlich gefestigt und stark. Er hat beste Aussichten auf persönliches und gesellschaftliches Ansehen durch Erfolg im Beruf.

Spitze Messer, spitze Zungen

Wie regelt Lars seine Konflikte? Geht er ihnen durch Tiefstatus-Handlungen ständig aus dem Weg? Keineswegs! Symbolische Unterwerfung praktiziert er nur dann, wenn er in Auseinandersetzungen mit Jugendlichen wie Kevin oder Hassan gerät, die in seinen Augen »primitiv« sind. In Konflikten mit Seinesgleichen agiert er ganz anders. Denn Lars hat durchaus erkannt, wie wirksam und notwendig dominantes Verhalten ist, wenn es gilt, eigene Interessen gegen die anderer Menschen durchzuboxen. Aber er ist schlau; er benutzt Waffen, die die Kontrahenten auf eine Art und Weise verletzen, die in unserer Gesellschaft – im Gegensatz zu Fäusten – akzeptiert sind: Lars verfügt über eine »spitze Zunge« und ist verbal schlagfertig. Mit einigen wenigen Sätzen treibt er seine Gegner in die Enge. Notfalls spickt er seine Argumente mit kleinen Stichen, die seine Kontrahenten subtil verletzen. Lars kann richtig austeilen. Er ist ein Zyniker. Und er weiß auch zu taktieren und zu paktieren. Er schmiedet Koalitionen und verfügt über Möglichkeiten und Tricks, im Notfall auch mal hinter dem Rücken der Konkurrenten agieren zu können. Da sich Lars' Waffen »im Rahmen der Normalität« bewegen, hat ihm unsere Gesellschaft so etwas wie einen Waffenschein ausgestellt. Lars darf seine verletzenden verbalen Waffen benutzen, ohne Sanktionen zu fürchten. Im Gegenteil: Seine verbale Schlagfertigkeit hilft ihm, seinen Weg zu gehen. Denn auch später, im harten beruflichen Überlebenskampf, sind die Waffen, über die Lars verfügt, nicht etwa verpönt, sondern im Gegenteil hoch angesehen. Sie sind notwendig, um sich gegen Konkurrenten im Kampf um die begehrten Posten durchzusetzen.

Dominanzverhalten in Form von verbaler Schlagfertigkeit steht gesellschaftlich hoch im Kurs.

Ganz anders Kevin und Hassan: Sie sind mit einer hohen Wahrscheinlichkeit in einem Elternhaus aufgewachsen, in dem Gewalttätigkeiten auf der Tagesordnung standen:

- Fünfzehn Prozent der Hauptschüler geben an, von ihren Eltern mißhandelt worden zu sein.
- Die Arbeitslosigkeit des Partners verdoppelt das Risiko der Frau, von ihm geschlagen und vergewaltigt zu werden, und verdreifacht das Risiko eines Kindes, von ihm mißhandelt zu werden.

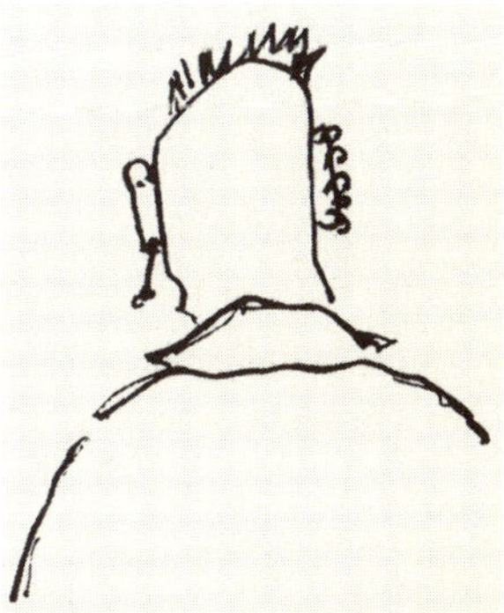

Gewalt kommt von Gewalt. Jugendliche wie Kevin und Hassan haben in ihrer Kindheit mehr Gewalttätigkeiten beobachtet und am eigenen Körper erlebt als Lars. Auch haben sie von den Eltern eine geringere Förderung ihrer emotionalen und rationalen Fähigkeiten und Fertigkeiten erfahren. Mit diesen Defiziten ausgestattet, erleben sie Schule und Unterricht als eine Serie von Mißerfolgen. Bereits in der Grundschule können sie mit

Lars nicht mithalten. Spätestens nach vier gemeinsamen Jahren mit Lars auf der Schulbank werden Kevin und Hassan »ausgesondert«. Sie werden von ihren erfolgreichen Altergenossinnen und Altersgenossen getrennt: Schüler wie Lars wechseln auf das Gymnasium, Kevin und Hassan besuchen die Haupt- bzw. Sonderschule. Die soziale Benachteiligung nimmt ihren Lauf. Die beiden haben wenig Aussichten auf persönliche und gesellschaftliche Anerkennung auf der Basis von beruflichem Erfolg.

Kein Wunder also, daß Kevin und Hassan auf diejenigen Waffen der Dominanz zurückgreifen, die sie perfekt beherrschen: einschüchterndes Auftreten und Körperkraft statt »scharfe Zunge« und verbale Tiefschläge.

Die gleiche Gesellschaft, die dem einen für seine verbal-verletzenden Waffen einen Waffenschein ausstellt, bestraft den anderen dafür, daß er seine Konflikte mit Fäusten regelt: Es prasselt Anzeigen wegen Körperverletzung.

Mädchen rüsten nach

Zu Beginn dieses Kapitels haben wir die Feststellung des Kriminologen Christian Pfeiffer zitiert, Gewalt sei männlich. Aber diese Erkenntnis, die statistisch hinreichend belegt ist, bedeutet keineswegs, daß nicht auch Mädchen und Frauen in ihren Konflikten entwertend, verletzend und somit gewaltsam vorgehen. Allerdings, und hier liegt noch immer ein Unterschied zu den Jungen und Männern, greifen Frauen eher zu verbalen und verdeckten Waffen wie Mobbing, Ausgrenzungen, Beleidigungen, Intrigen, übler Nachrede, Zynismus oder Sarkasmus.

Die Gewalt von Mädchen und Frauen zielt – statistisch gesehen – eher auf die Verletzung der Psyche als auf die Verletzung des Körpers der jeweiligen Gegner ab.

Doch mit dem Wandel des Geschlechterbildes vollzieht sich auch ein Wandel auf der Ebene der Körpersprache: Wenn wir die nonverbalen Waffen von Mädchen oder jungen Frauen betrachten, können wir feststellen, daß auch in deren Konflikten die körpersprachlichen Signale des Drohens, Abschreckens und Verletzens durchaus weit verbreitet sind – Tendenz steigend! Aggressive und dominante Körpersprache ist nicht nur männlich, sondern wird als flankierende Maßnahme für »schlagkräftige« Argumente zunehmend auch von Mädchen und Frauen verwendet: Da werden böse Blicke geworfen, territoriale Grenzen überschritten und laute Stimmen eingesetzt. Da wird aggressiv gestikuliert, verächtlich gelächelt, hämisch gelacht, visuell ignoriert oder mit dem aufgerichteten Körper gedroht. Allerdings, und darauf bezieht sich die Aussage des Kriminologen Christian Pfeiffer, wird die Schwelle vom symbolhaft-rituellen hin zum körperlichen Kampf von Mädchen und Frauen statistisch gesehen seltener überschritten als von Jungen und Männern.

Aber selbst auf diesem Gebiet der Konfliktaustragung, des Kampfs mit dem Ziel, dem Gegner körperliche Verletzungen zuzufügen, rüstet das weibliche Geschlecht nach:

Die Zahl der Mädchen und Frauen, die in eskalierten Konfliktsituationen körperliche Gewalt anwenden, ist in den letzten Jahren sprunghaft angestiegen.

Körperliche Gewalt als Mittel der Konfliktaustragung wird in Mädchenkreisen zunehmend »salonfähig«. Und auch in Sachen Brutalität stehen diese gewaltbereiten Mädchen und jungen Frauen ihren männlichen Altersgenossen in nichts mehr nach: Wird die Schwelle hin zur körperlichen Gewaltanwendung erst einmal überschritten, kann es auch bei ihnen zu derart massiven Verletzungen kommen, daß die unterlegenen Kontrahentinnen – und manchmal auch Kontrahenten – ärztlich behandelt werden müssen.

Körperliche Gewalt ist folglich nur in soweit »männlich«, als es statistisch gesehen (noch) überwiegend Jungen und Männer sind, die auf dieses Mittel der Konfliktaustragung zurückgreifen.

Die Haare im Waschbecken

Körpersprachliche Waffen der »zivilisierten« Erwachsenen

Im letzten Kapitel haben wir Erwachsenen die Nase gerümpft über die primitiven Formen der Konfliktaustragung von Jungen wie Kevin oder Hassan. Für manche von uns ist es schwer vorstellbar, daß diese Restbestände an fossiler Männlichkeit nach wie vor so weit verbreitet sind. Wenn wir jedoch mit dem ausgestreckten Zeigefinger auf eine andere Person zeigen, weisen drei Finger der Hand auf uns selbst zurück, so sagt ein Sprichwort. Das heißt: Auch wir Erwachsenen, die wir für uns in Anspruch nehmen, in Konflikten auf die Kraft der Argumente statt auf die Kraft des Körpers zu setzen, agieren durchaus körperbetont. Bei so manchem Streit um die Haare im Bad entscheidet sich der Ausgang der Auseinandersetzung nicht etwa dadurch, daß eine der Konfliktparteien die besseren Argumente auf ihrer Seite hat, sondern daß sie eine dominante oder gar verletzende Körpersprache benutzt.

Im Klartext: So manchen Streit entscheiden wir zu unseren Gunsten, indem wir laut werden, uns aufrichten, uns breit machen, die Hände in die Hüfte stemmen, mit der Faust auf den Tisch hauen, mit dem Zeigefinger drohen, verächtliche Blicke werfen, den Kontrahenten mit zwischenzeitlicher Nichtbeachtung strafen, zynische Untertöne benutzen oder mit mimischem Minimalismus agieren. Und wenn wir uns unser nonverbales Waffenarsenal näher anschauen, dann können wir – ähnlich wie bei Kevin und Hassan – zwei grundlegende Prinzipien erkennen:

1. Durch die Verwendung von **Drohgebärden** wie lauter Stimme, breitem Kreuz, Körpergröße, drohendem Blick etc. wollen wir dem Kontrahenten die eigene Kraft und Entschlossenheit vor Augen führen. Die heimliche Botschaft der Drohgebärden lautet: »Ich bin stark. Leg dich besser nicht mit mir an. Ich könnte dich sonst ernsthaft verletzen.«
2. Zusätzlich soll der Kontrahent durch gezielte **körpersprachliche Stiche** verletzt werden: Eindringen in sein Territorium mittels stechender Blicke oder ausladender Gestik, zynische Untertöne, Nichtbeachtung etc. Die heimliche Botschaft der körpersprachlichen Verletzungen lautet: »Ich kann dich mühelos verletzen. Ergib dich frühzeitig, sonst werde ich meine Angriffe intensivieren.«

Jede der hier beschriebenen körpersprachlichen Verhaltensweisen verfolgt das gleiche Ziel:

Der Kontrahent soll durch den Einsatz nonverbaler Waffen so stark psychisch destabilisiert werden, daß er Probleme bekommt, einen festen Standpunkt zu vertreten, und seine Interessen zu unseren Gunsten aufgibt.

Wir werden im folgenden einen kritischen Blick in unsere Waffenkammer werfen. Dabei werden Sie entdecken, daß Sie all diese Waffen bereits aus eigener Erfahrung und vermutlich auch Anwendung kennen.

»Glotz nicht so blöd!«

Jeder von uns wird sich an Situationen erinnern können, in denen ihn die verletzenden Blicke anderer Menschen getroffen

haben. Und wenn wir ehrlich sind, dann müssen wir zugeben, daß aggressives Blickverhalten auch zu unserem eigenen Instrumentarium körpersprachlicher Drohgebärden und Verletzungen in Konfliktsituationen gehört. Drohende Blicke sind fester Bestandteil unseres Waffenarsenals – wir verwenden sie immer dann, wenn es gilt, eigene Meinungen und Standpunkte gegen diejenigen eines Kontrahenten durchzusetzen.

Mit scharfen und aggressiven Blicken versuchen wir, unser Gegenüber in die Enge zu treiben und zu verunsichern.

Blicke können »treffen«, »verletzen« und »töten«. Stellvertretend für die Vielzahl drohender und bohrender Blicke möchten wir ein Beispiel schildern, das die meisten von uns – in beiden Rollen – am eigenen Leib erlebt haben:

Eine Mutter wirft einen scharfen Blick in Richtung ihres Kindes, weil dieses mit dem Essen spielt. Die heimliche Botschaft des stechenden Blicks lautet: »Deine Spielerei mit dem Essen gefällt mir nicht. An meinem drohenden Blick erkennst du nicht nur, daß ich dein Verhalten beobachte und mißbillige, sondern auch, daß ich die Kraft und Entschlossenheit aufbringe, gegen dieses Verhalten vorzugehen, falls du es nicht sofort einstellst. Verhalte dich so, wie ich es von dir möchte, sonst werde ich weitere Maßnahmen ergreifen!« Die Mutter benutzt den drohenden Blick, um das Kind einzuschüchtern, damit dieses mit der Spielerei aufhört.

Doch neben der Verängstigung des Kindes erfüllt der drohende Blick eine weitere Funktion: Das unliebsame Verhalten des Kindes stellt in den Augen der Mutter die bestehende Hierarchie in Frage – denn schließlich bestimmt sie darüber, was das Kind tun oder auch nicht tun darf. Der drohende Blick dient also auch der Zurückgewinnung der Macht. Die Mutter kämpft um ihre Autorität. Beugt sich das Kind dem mütterlichen Druck, indem es das mißbilligte Verhalten einstellt, ist die Hierarchie erneuert. Der Kampf ist – bis zum nächsten Konflikt – entschieden.

Wir alle reagieren sehr sensibel, wenn wir mit bohrenden Blicken von Mitmenschen konfrontiert sind. Aggressive Blicke erzeugen Druck und Angst, streben eine Hierarchisierung von Beziehung an und polarisieren einen Konflikt. Wird das Drohstarren von beiden Konfliktparteien praktiziert, ist die Eskalation vorprogrammiert, denn beide Kontrahenten kämpfen um die Überlegenheit.

Die drohenden und bohrenden Blicke fungieren sowohl als Mittel der Darstellung eigener Stärke als auch als Mittel der Entkräftung des Kontrahenten, der sie als Herausforderung und Infragestellung seiner Position interpretiert. Anthropologen konnten denn auch nachweisen, daß sich in allen Kulturen dieser Erde Menschen eines bohrenden Blickverhaltens bedienen, um in Konflikten ihre Kontrahenten zu bedrohen, abzuschrecken und zu bezwingen.

Drohstarren ist ein universelles Prinzip aggressiven und dominanten Verhaltens, das wir sogar mit vielen Tierarten teilen.

Wir arbeiten also regelmäßig mit dem drohenden Blick, wenn es gilt, den Druck auf den Kommunikationspartner zu erhöhen und diesen in die Schranken zu verweisen:

- Die Ehefrau wirft einen strafenden Blick in Richtung Ihres Mannes, weil dieser wieder einmal eine blöde Bemerkung über ihr Aussehen macht. Ihr drohender Blick soll weitere dämliche Kommentare des Mannes unterbinden. Ohne ein Wort von sich zu geben, sagt die Frau mit ihrem Blick zu ihrem Mann: »Hör auf mit deinen Sprüchen, sonst werde ich die Kraft, die du an meinem Blick ablesen kannst, gegen dich richten!«

- Ein Passant schaut drohend in Richtung eines Bettlers, der um einen Euro bettelt. Der Blick soll diesen vor weiteren Bettelversuchen abschrecken.
- In einem heftigen Streit um die angemessene Erziehung der Tochter flankiert der Mann sein lautstark vorgetragenes Argument mit einem bösen Blick in Richtung seiner Frau. Damit will er sie davon abhalten, daß sie Gegenargumente vorträgt, statt seine »harte Linie« in der Erziehung zu übernehmen.
- Eine Verkäuferin schaut einen Kunden scharf an, als der versucht, eine Packung aufzureißen. Sie sagt mit Hilfe ihres Blicks: »Legen Sie besser die Packung ungeöffnet zurück ins Regal, sonst …«
- Eine Lehrerin schaut einen Schüler strafend an, weil er sich wieder einmal mit seinem Nachbarn unterhält, statt dem Unterricht zu folgen. Ihr Blick sagt: »Hör auf zu sprechen, sonst gibt es Sanktionen.«

Ein drohender Blick verweist auf die eigene Entschlossenheit und sagt: »Tu das, was ich von dir möchte, sonst …«

Ein drohender Blick droht indirekt härtere Maßnahmen an und will den Kontrahenten aus Angst davor zur kampflosen Kapitulation bewegen.

Verstehen Sie uns bitte nicht falsch: Wir möchten nicht den Eindruck erwecken, als sei die Verwendung des drohenden Blicks generell negativ oder verwerflich. Es gibt viele Situationen, in denen der Einsatz eines drohenden Blicks durchaus sinnvoll sein kann. Wir möchten lediglich zeigen, daß auch wir Erwachsenen in so mancher Konfliktsituation auf visuelle Waffen zurückgreifen, um in eine dominante Position zu gelangen und einen Streit zu unseren Gunsten zu entscheiden. Wir verlassen uns also keineswegs auf die Stichhaltigkeit unserer Argumente, sondern bringen oft zusätzlich unseren Körper als Abschreckung ins Spiel. Unsere Vorgehensweisen in Konflikten ist nicht körperlos.

Ins Zeug werfen

Was machen wir, wenn wir in einem Konflikt unser Gegenüber mit unserer Körperkraft beeindrucken wollen? Wir betreiben körpersprachliche Expansion, indem wir uns ins Zeug werfen:

- Um dem Kontrahenten mit unserer Kraft und Stärke zu imponieren, blähen wir im Konfliktfall unseren Oberkörper auf und »machen uns breit«. Die heimliche Botschaft lautet: »An meinen breiten Schultern und meinem aufgeblähten Oberkörper erkennst du meine Muskelkraft. Ich bin dir – nicht nur körperlich – überlegen.«
- Um die optische Wirkung der breiten Brust und der dadurch symbolisierten Muskelkraft zu vergrößern, stemmen wir die Hände oder Fäuste in die Hüften und stellen die Ober- und Unterarme weit aus.
- Mit ausladender Gestik unterstützen und bekräftigen wir unsere Argumente, die unseren Kontrahenten »plätten« sol-

len. Mit der geballten Faust betonen und akzentuieren wir unsere Kraft.

- Wir stellen uns breitbeinig hin, um einen sicheren Stand zu bekommen. Wir wollen unsere **Stellung**nahme möglichst so abgeben, daß der Kontrahent »kein Bein mehr auf den Boden bekommt«. Denn schließlich hat der eigene **Stand**punkt »Hand und Fuß«.
- Selbstverständlich besetzen wir auch den Rederaum in dem Konflikt, so daß der Kontrahent nicht zu Wort kommt: »Wir reden ihn an die Wand« und machen ihn »mundtot«.

Körpersprachliche Expansion soll auf die eigene (Muskel-)Kraft und Stärke verweisen und den Kontrahenten im Konfliktfall zur kampflosen Kapitulation bewegen: »An meinem breit ausgestellten Körper erkennst du meine Muskeln. Leg dich besser nicht mit mir an, sonst werde ich meine Muskeln im Kampf gegen dich einsetzen. Kapituliere kampflos und tu das, was ich von dir möchte.«

Körpersprachliche Expansion soll Angst vor einem indirekt angedrohten Übergriff erzeugen und den Kontrahenten zur Aufgabe bewegen.

Wenn von Drohgebärden mittels aufgeblasener Oberkörper und raumgreifender Gestik die Rede ist, haben Sie vermutlich junge Männer wie Kevin oder Hassan vor Augen, die mit ihrem Imponiergehabe versuchen, Angst und Schrecken zu verbreiten. Und doch müssen wir feststellen, daß es sich bei der Abschreckung durch Expansion um ein universelles Prinzip handelt, das nicht nur in allen Kulturen anzutreffen ist, sondern auf das Menschen jeden Alters, aller sozialen Schichten und beiderlei Geschlechts in Konflikten zurückgreifen. Das heißt: Nicht nur Männer, sondern auch Frauen bedrohen ihre weiblichen oder männlichen Kontrahenten mit dem Mittel der körpersprachlichen Expansion, indem sie indirekt mit ihren Muskeln drohen.

Sie sind skeptisch? Was machen Mütter, wenn ihre Kleinen etwas ausgefressen haben und sie diese zur Rede stellen? Sie bauen sich breitbeinig vor ihnen auf und stemmen die Hände in die Hüften. Um die abschreckende Wirkung ihrer Strafpredigt zu potenzieren, bedienen sie sich einer ausladenden Gestik und drohen mit dem ausgestreckten Zeigefinger. Auf dieses Mittel der körperlichen Drohung greifen selbst Mütter zurück, die ihr Kind niemals schlagen würden.

Mütter, die Drohgebärden verwenden, drohen ihren Kindern – in der Regel, ohne sich dessen bewußt zu sein – eine körperliche Züchtigung an.

Das Mittel der Aufblähung wird – egal ob im Kindergarten, in der Schule, in der Familie oder im Betrieb – überall dort angewendet, wo sich ein Kontrahent seinem jeweiligen Konfliktgegner soweit überlegen fühlt, daß er sicher ist, von diesem nicht verletzt werden zu können. Diese Überlegenheit kann körperlicher oder auch formal-institutioneller Art sein:

- Eine Lehrerin wirft sich vor einem kleinen Schüler der 5. Klasse ins Zeug, um diesen im Konfliktfall körperlich einzuschüchtern. Aber sie vermeidet diese Drohgebärde in einem Streit mit einem großen männlichen Schüler der 10. Klasse, der als cholerisch gilt.
- Ein Vorgesetzter pustet sich vor seinem Angestellten auf und

brüllt ihn an, weil er sich sicher sein kann, daß dieser sich auf Grund seiner niedrigeren Stellung und der dadurch bedingten Abhängigkeit nicht wehren wird. Aber er hütet sich davor, gegenüber seinem Personalchef ausfallendes Konfliktverhalten zu praktizieren.

Ausschlaggebend dafür, ob in einem Konflikt Drohgebärden verwendet werden, ist nicht die absolute Kraft einer Person, sondern deren relative körperliche oder formale Überlegenheit gegenüber dem Kontrahenten.

Zu nahe treten

Bei der Auseinandersetzung zwischen Kevin und Hassan haben wir festgestellt, daß sich die beiden während ihres symbolischen Kampfes immer näher kommen und sich ihre Nasenspitzen schließlich fast berühren. Sie betreiben, so haben wir gesagt, wechselseitige Invasion.

Und was macht eine Mutter, wenn sie ihr Kind, das etwas ausgefressen hat, »zur Rede stellen« möchte? Sie tritt relativ dicht heran, um die Wirkung ihrer strafenden Worte durch das Unterschreiten von Distanzen zu potenzieren. Sie tritt dem Kind zu nahe.

Das Eindringen in den Schutzraum des Gegenübers in einem Konflikt soll diesen verängstigen. Tatsächlich zeigt diese Waffe der Invasion erstaunliche Wirkungen – der Kontrahent reagiert körperlich: Die Muskelspannung nimmt zu, der Puls erhöht sich, die Atmung wird flacher (ihm »stockt der Atem«), der Verdauungsvorgang wird ein-

geschränkt, Hormone werden ausgeschüttet usw. Der Körper bereitet sich auf Angriff oder Flucht vor. Invasives Verhalten verursacht demnach physiologische – und damit auch psychologische – Reaktionen: Mit invasivem Territorialverhalten läßt sich im Konflikt eine dominante Position erringen.

Körpersprachliche Invasion dient der psychsichen und physischen Destabilisierung des Gegenübers.

Eine Variante dieser Grenzverletzungen durch Eindringen in die intime Zone eines Kontrahenten stellt die aggressive Gestik dar: Dabei dringt die invasive Person nicht mit ihrem gesamten Körper in das Territorium des Konfliktgegners ein, sondern fuchtelt mit dem ausgestreckten Zeigefinger oder gar der geballten Faust dicht vor dessen Nase herum. Auch durchdringende, bohrende Blicke fungieren als invasive Grenzverletzung.

Sprechen wir nicht von Rederaum? Auch das Ins-Wort-Fallen stellt einen Akt von invasivem Verhalten dar. Wer dem Kontrahenten das Wort abschneidet, indem er ihn ständig unterbricht, unternimmt Grenzverletzungen.

Invasion ist ein universelles Mittel der symbolischen Verletzung des Kontrahenten, das auch von uns Erwachsenen immer wieder verwendet wird.

Die heimliche Botschaft invasiver Körperstrategien lautet: »Die Verletzungen, die ich dir durch meine unerschrockenen Invasionen zufügen kann, sind nur die symbolischen Vorboten der Verletzungen, die ich dir zufüge, wenn du nicht das tust, was ich von dir möchte. Ich werde dich körperlich attackieren.« Die hier vorgestellten Formen invasiven Verhaltens sind demnach versteckte Androhungen von körperlichen Übergriffen.

Für körpersprachlich invasives Verhalten gibt es Entsprechungen auf der verbalen Ebene der Kommunikation: Auf den Satz: »Ich möchte Ihnen ja nicht zu nahe treten, aber ...« folgt in der Regel ein Vorwurf, eine massive Kritik oder gar eine Beleidigung. Verbale Invasionen dienen – ähnlich wie körpersprachlich-invasive Handlungen – der psychischen Destabilisierung des Kontrahenten. Ein verbaler Angriff soll diesen aus dem Gleichgewicht bringen und somit dazu beitragen, daß der eigene Standpunkt auf dessen Kosten durchgesetzt wird. Denn intuitiv wissen wir: Eine psychisch destabilisierte Person hat Probleme, ihren festen Standpunkt zu halten. Sie »fällt um« und »verliert an Boden« in dem Konflikt.

Wir setzen verbale und nonverbale Waffen der Invasion immer dann ein, wenn es gilt, durch Druck eigene Konfliktinteressen auf Kosten des Kontrahenten durchzusetzen.

»Ich guck auf dich herab!«

Kevin und Hassan richten sich während ihres Konflikts zu stattlicher Größe auf. Beide wollen sich gegenseitig mit ihrer Größe beeindrucken und abschrecken. So archaisch ihre Aufrichtung auch wirken mag, so weitverbreitet ist das Mittel der Einschüchterung durch Größe auch bei uns »zivilisierten« Erwachsenen: Beobachten Sie einmal in einem Kindergarten, wie eine Erzieherin mit ihrer Körpergröße agiert, wenn sie ein Kind, das etwas ausgefressen hat, zur Rede stellt: Sie tritt nicht nur sehr dicht an das Kind heran, sondern behandelt es von oben herab und bestimmt zusätzlich dessen Blickwinkel: Je näher das Kind herangewinkt wird, desto steiler muß es nach oben schauen und desto angsteinflößender wirkt die körperliche Größe der Erzieherin. Auf diese Weise führt sie dem Kind dessen eigene Unterlegenheit vor Augen.

Je größer wir uns im Konfliktfall machen, desto bedrohlicher wirken wir auf unseren Kontrahenten und desto aussichtsloser soll diesem ein Kampf erscheinen.

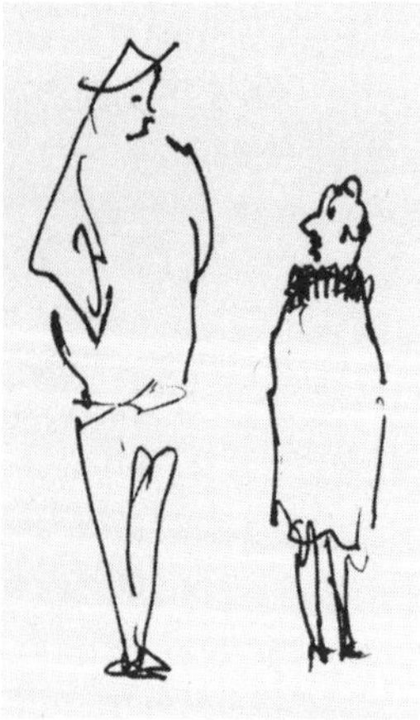

In all unseren Konflikten, in denen es darum geht, die andere Person zu **über**zeugen, zu **über**reden, zu **über**trumpfen, zu **über**ragen oder zu **über**fahren, kämpfen wir intuitiv auch mit unserer Körpergröße. Körperliche Größe erhöht die einschüchternde und verletzende Wirkung von Drohgebärden und Machtworten und kann zu Vorteilen im Konflikt führen.

Doch warum flößt uns die überlegene Größe eines Kontrahenten in einem Konflikt häufig Angst ein und bereitet uns Schwierigkeiten, unseren Standpunkt sicher und selbstbewußt zu vertreten? Warum assoziieren wir Körpergröße mit Dominanz? Die Antwort ist ganz einfach: Jeder von uns hat viele, viele Jahre am eigenen Leib erlebt, welchen positiven oder negativen Einfluß große Menschen auf uns gehabt haben – unsere Eltern haben uns beschützt und gestraft.

In unseren prägenden Lebensjahren haben wir unsere mächtigen Beschützer und Bestrafer stets als übergroß erlebt.

Warum sollten wir dieses Prinzip von Größe = Dominanz als Erwachsene aufgeben, nur weil wir selbst es zu stattlicher Größe gebracht haben? Diese Gleichung haben wir mit der Muttermilch aufgesogen. Zeit unseres Lebens assoziieren wir Größe mit Dominanz. Kein Wunder also, daß wir auch als Erwachsene in unseren Konflikten auf diese Körperwaffe der Aufrichtung zurückgreifen, um unsere jeweiligen Kontrahenten einzuschüchtern.

Laut-stark und klein-laut

Hassan und Kevin machen sich in ihrem Streit nicht nur größer, sondern sie heben auch ihre Stimme und brüllen sich wechselseitig an. Ihre lauten und tiefen Stimmen erfüllen also die gleiche Funktion wie die Aufrichtung zu voller Größe: Drohen und Abschrecken.

Die Stimme als Drohgebärde einzusetzen ist ein uraltes und universelles Muster der Konfliktbewältigung. Die Schreie der Brüllaffen dienen ebenso wie das Quaken der Ochsenfrösche im Konfliktfall der Abschreckung von Gegnern. Rotwild röhrt um die Wette. Sieger eines Rangordnungskampfes zwischen röhrenden Hirschen ist nicht etwa der Kontrahent, der seinen Rivalen auf die Hörner nimmt, sondern das Männchen, das am lautesten und längsten röhren kann. Viele der Rangordnungskämpfe im Tierreich werden nicht mit Muskeln, Hörnern, Krallen oder Zähnen ausgetragen, sondern mit Stimmen. Dadurch wird das Verletzungsrisiko der beteiligten Tiere minimiert.

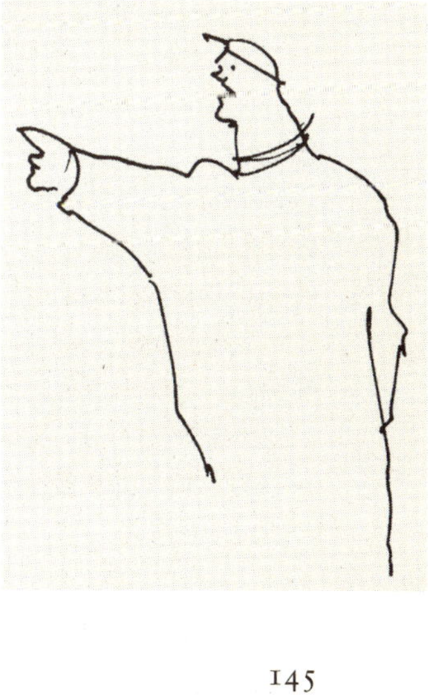

Das lauteste Tier stellt symbolisch unter Beweis, daß es stärker ist und den Rivalen auf die Hörner nehmen kann. Denn je größer der Resonanzraum eines Körpers, desto tiefere und lautere Töne vermag dieser zu erzeugen.

Auch ein tief und laut brüllender Mensch ist mit einer großen Wahrscheinlichkeit nicht nur männlich, groß und breitschultrig, sondern darüber hinaus auch relativ stark. Die heimliche Botschaft an den jeweiligen Konfliktpartner lautet: »An meiner lauten Stimme erkennst du meine Körpergröße und Kraft. Diese Kraft werde ich, wenn du dich nicht unterwirfst, gegen dich richten und dich damit verletzen. Hör daher auf deine Angst und unterwirf dich kampflos!« Nicht umsonst sprechen wir von Lautstärke.

Eine tiefe und laute Stimme fungiert in einem Konflikt als Hinweis auf die Größe und Breite der sprechenden oder schreienden Person: Höre meine Kraft!

Kraft der Worte – Kraft des Körpers

Wir können fast sicher sein: Immer wenn wir uns verbal größer machen und unseren Standpunkt kraftvoll vertreten wollen, heben wir unsere Stimme und werfen wir uns parallel dazu ins Zeug, um den Konfliktpartner einzuschüchtern. Und immer wenn wir verbal ausfallend und verletzend werden, benutzen wir Körpersignale des Bedrängens und Verletzens. Allzu groß scheint unser Vertrauen in die Kraft unserer Argumente also nicht zu sein – sonst würden wir sie nicht derart häufig mit körpersprachlichen Waffen flankieren.

Wenn die Argumente zu schwach sind, werden sie mit dominanter Körpersprache gestärkt.

Doch über zwei Punkte sollten wir uns im klaren sein:

1. Wer mittels Drohgebärden die eigene Stärke zur Schau stellen möchte, ist innerlich nicht etwa groß, sondern klein. Hinter der Laut**stärke** versteckt sich eine klein**laute** Person. Wann werden wir laut in einem Konflikt? Wenn uns die Argumente ausgehen! Wann richten wir uns auf? Wenn wir uns einer Person oder Situation nicht gewachsen fühlen! Wann werfen wir uns ins Zeug? Wenn wir uns zu schwach fühlen, um in einem Konflikt gegen den Kontrahenten zu bestehen. Die Inszenierung von Stärke verrät unsere Schwäche. Die Verwendung von Drohgebärden offenbart die eigene Angst, die auf den Konfliktgegner abgewälzt werden soll. Der Volksmund sagt dazu ganz lapidar: »Wer angibt, hat's nötig«, und: »Wer schreit, hat unrecht.«
2. Immer dann, wenn wir in einem Streit eine der hier beschriebenen Waffen verwenden, verlassen wir die Ebene einer konstruktiven Konfliktbewältigung. Wir bringen den Körper als Drohmittel ins Spiel und versuchen darüber, den Kontrahenten einzuschüchtern. Dabei ist es unerheblich, ob wir diese Waffen bewußt oder unbewußt einsetzen und ob wir unser Gegenüber auch wirklich körperlich attackieren würden: Eine laute Stimme, eine aggressive Gestik oder die Aufrichtung verweisen symbolisch auf die eigene Kraft und spielen mit der Angst des Konfliktpartners vor einem körperlichen Übergriff. Sobald wir den Körper als Waffe einsetzen, begeben wir uns auf die gleiche Ebene wie Kevin oder Hassan. Das bedeutet: Eine Konfliktbewältigung, die den andern durch den Einsatz von druckvollen Waffen zu etwas bewegen

will, ist destruktiv. Dessen Entscheidung, gemäß unseren Interessen zu handeln, wird nicht freiwillig und selbstverantwortlich getroffen, sondern erzwungen.

Fassen wir diese beiden Punkte zusammen:

Mit der Verwendung einer aggressiven Körpersprache offenbaren wir unsere Schwäche und verlassen die Ebene der konstruktiven Konfliktbewältigung.

»Bitte tu mir nichts!«

Die Körpersprache der Opfer

Angesichts eines Männerbildes, das von Jungen, Jugendlichen und erwachsenen Männern ein Mindestmaß an Durchsetzungsvermögen, Stärke und Mut verlangt, wirken Männer im körpersprachlichen Tiefstatus lachhaft. Die größte Beleidigung, die männliche Kinder und Jugendliche einander an den Kopf werfen, lautet: »Du bist schwul!« Doch in der Regel besteht diese Herabsetzung des Kontrahenten nicht etwa darin, ihm eine homosexuelle Neigung zu unterstellen. Schwul-Sein fungiert vielmehr als Synonym für Nicht-Mann-Sein. Die eigentliche Botschaft der Beleidigung lautet: »An deiner Körpersprache und deinem Verhalten erkennen wir, daß du nicht den traditionellen Leitbildern von Männlichkeit entsprichst. Du zeigst keinerlei körpersprachliche Anzeichen von Dominanz. Deshalb bist du kein richtiger Mann – also schwul!«

Vor einigen Jahrzehnten, als Homosexualität noch kein öffentliches Thema war, lautete die entsprechende Beleidigung: »Du benimmst dich weibisch!«

Wer als Mann keine Signale der Dominanz aussendet, lief – und läuft heute noch – Gefahr, sich zum Gespött von Männern und Frauen zu machen.

Das rigide Männerbild in unserer Gesellschaft scheint – im Gegensatz zum Frauenbild – unerschütterlich.

Helden in Not

Und dennoch: Es gibt Situationen, in denen selbst aufgeblasene Machos wie Hassan und Kevin auf die Inszenierung von Dominanz verzichten und die »unmännliche« Opferstrategie bemühen, um ihre Interessen zu verfolgen.

Besuchen wir ihr Klassenzimmer, und beobachten wir, wie sie sich dort verhalten, wenn die Übermacht in einem Konflikt zu groß ist und sie nicht auf ihre gewohnheitsmäßige Dominanz-Strategie zurückgreifen können oder wollen.

Nehmen wir einmal an, ihre Lehrerin hat in der letzten Stunde Hausaufgaben in Englisch aufgegeben und betritt nun die Klasse. Nach einer kurzen Begrüßung fordert sie die Schülerinnen und Schüler auf, ihre Hefte herauszuholen und die Hausaufgaben vorzulesen. Unsere männlichen Obermachos Kevin und Hassan haben ihre Hausaufgaben nur unvollständig erledigt und möchten daher vermeiden, ihre Lücken vor der Klasse und vor allem vor der Lehrerin zu offenbaren. Zwischen der Lehrerin und den beiden Schülern besteht demnach ein Interessenwiderspruch: Die Lehrerin möchte, daß die Schüler aktiv werden und ihre Hausaufgaben vortragen, die Schüler möchten passiv bleiben. Sie empfinden die Anforderungen der Lehrerin als Belastung und Angriff.

Was tun die Jugendlichen, um diesen Angriff zu parieren? Attackieren sie, so wie sie es aus ihrem privaten Alltag gewohnt sind, die Angreiferin mit einem Gegenangriff? Wohl kaum – die Lehrerin sitzt am längeren Hebel und ist zumindest in der Frage der Notengebung und der Verteilung von Lebenschancen nahezu unangreifbar. Folgerichtig verwenden die Jugendlichen angesichts der institutionellen Übermacht ihrer »Feindin« die

Opferstrategie: Sie ziehen den Kopf ein, senken den Blick, kramen in ihren Taschen, krümmen ihren Rücken und versuchen, sich möglichst unsichtbar zu machen. Ihre körperliche Botschaft an die fordernde Lehrerin lautet: »Bitte greifen Sie mich nicht an. Ich bin eigentlich gar nicht hier. Haben Sie Erbarmen, und verschonen Sie mich! Nehmen Sie andere Mitschüler dran, ihre Hausaufgaben vorzulesen.« Kevin und Hassan senken ihren kommunikativen Status: Sie zeigen sich klein und gänzlich »unmännlich«. Ihr Dominanz-Gebaren, das sie während der letzten Pause noch offensiv an den Tag gelegt haben, ist im Klassenraum wie verflogen.

Es ist kein Zufall, daß unsere »wandelnden Truppenparaden« diese Statussenkung auf einem Gebiet vollziehen, das in ihren Augen völlig unwichtig ist: Englisch. Wer braucht schon Englisch, um ein ganzer Kerl zu sein? Auf Nebenschauplätzen des Kampfes erlauben sich selbst die harten Jungs das Zeigen von körpersprachlichem Tiefstatus. Die wahren Schlachten um die überlegene Männlichkeit, so glauben sie, werden auf anderen Schauplätzen geschlagen: auf dem Schulhof oder im Wohnviertel im Kampf gegen rivalisierende Jugendliche.

So, wie nicht nur Männer dominant auftreten, so sind auch körpersprachlicher Tiefstatus und die Opferstrategie keinesfalls ausschließlich weibliche Verhaltensweisen in Konflikten.

Selbst »harte Jungs« wie Kevin und Hassan greifen auf diese »weichen« Muster von Konfliktbewältigung zurück, wenn es ihnen ratsam erscheint.

Raus aus der Opferrolle!

Eine junge Frau wird auf offener Straße von einem Mann sexuell belästigt. Immer wieder drückt er sein Opfer gegen die Häuserwand und begrapscht die Frau; sie wimmert leise. Schamvoll senkt sie ihren Blick und läßt die Belästigungen nahezu widerstandslos über sich ergehen. Starr vor Angst bringt sie kein Wort des Protestes oder des Ekels über ihre Lippen.

Das leise Wimmern, der gesenkte Blick, der ausbleibende Widerstand angesichts der territorialen Übergriffe und ihre Angststarre sind körpersprachliche Selbstherabsetzungen, die

dem Täter signalisieren: »Ich werde mich nicht wehren. Du bist der Überlegene. Bitte tu mir nichts, ich mache alles, was du von mir verlangst.« Die belästigte Frau wählt die Opferstrategie. Sie hofft, daß sich der Täter besänftigen läßt, sich von ihrem Leid beeindruckt zeigt, Mitleid bekommt und daraufhin die Mißhandlungen einstellt. Sie möchte möglichst unversehrt aus der Gewaltsituation herauskommen.

Es ist unerheblich, ob die Frau aus unserem fiktiven Beispiel die Tiefstatus-Signale und die Opferstrategie bewußt ergreift, ob sie sie reflexhaft und unbewußt verwendet oder einfach nur aus Angst erstarrt. Fakt ist, daß sie in dieser Bedrohungssituation strategisch handelt. Was sie vielleicht nicht weiß:

Der Rückgriff auf die Opferstrategie ist für Frauen in Bedrohungssituationen kontraproduktiv!

Zu diesem Ergebnis kommt eine Studie, die bei der Kripo Hannover über angezeigte Fälle von sexueller Nötigung und Vergewaltigung durchgeführt wurde. Das Fazit aus dieser Studie lautet: Selbst eine leichte Gegenwehr führt in drei Viertel dieser Fälle zum sofortigen Abbruch einer versuchten Vergewaltigung.

Erklärbar ist die hohe Quote des erfolgreichen Widerstands, wenn man sich die Interessen der männlichen Täter näher anschaut: In den meisten Fällen geht es ihnen nicht um die sexuelle Befriedigung, sondern um Macht über andere Menschen – in diesem Fall über die Frau. Dabei sind die Täter bestrebt, ihre Macht möglichst risikolos auszuüben. Der Widerstand des Opfers durchkreuzt jedoch ihr Interesse und bricht die Machtkonstellation auf – der Täter muß erkennen, daß er kein leichtes Spiel hat, seine Dominanz auf Kosten des Opfers durchzusetzen. Im Gegenteil: Der Widerstand des Opfers deutet an, daß der Täter Gefahr läuft, einen hohen Preis für die Ausübung seiner Macht zu zahlen – eigene Verletzungen, das Eingreifen helfender Personen und Sanktionen in Form von Haftstrafen.

Was aber bedeutet Widerstand des Opfers in Nötigungs- oder Vergewaltigungssituationen? Die Studie aus Hannover spricht von leichter Gegenwehr und meint damit nicht etwa Tritte in die Genitalien oder Karateschläge in das Genick des Täters:

- Eine laute und kräftige Stimme fungiert als Drohgebärde und verweist auf die körperliche Kraft der Frau. Zudem schafft die laute Stimme Öffentlichkeit und signalisiert dem Täter, daß er sich in Gefahr begibt, sollte er den Übergriff fortsetzen.
- Ein standgehaltener Blick kommuniziert den festen Willen und das Durchsetzungsvermögen der Frau.
- Abwehrende Bewegungen signalisieren körperliche Kraft und Willensstärke.
- Das körperliche Zurückdrängen des Täters symbolisiert die Kraft und Energie der Frau.

- Eine aufrechte Haltung verweist auf die ungebrochene Haltung, Widerstand leisten zu wollen.

Mit den hier beschriebenen nonverbalen Verhaltensweisen nimmt die Frau vor allem Erhöhungen des eigenen Status vor. Die Handlungen verweisen auf die innere Haltung der Frau, sich nicht zum willfährigen Opfer des Täters machen zu wollen. In Selbstbehauptungstrainings für Frauen wird diese innere wie äußere Haltung der Selbsterhöhung geübt. Mittel der Fremdherabsetzung des Täters (z. B. Schläge oder Tritte) ergänzen die Trainings, sind jedoch nicht zentraler oder gar einziger Bestandteil der Kurse.

Die Hauptwaffe gegen Übergriffe ist nicht die hohe Kunst der Selbstverteidigung, sondern die innere wie die äußere Haltung der bedrohten Person, sich vom Täter nicht in die Opferrolle drängen zu lassen: Selbstbehauptung.

So ratsam es in manchen Fällen auch erscheinen mag, die Opferstrategie zum Selbstschutz zu ergreifen – in der beschriebenen Bedrohungssituation ist diese Strategie der Besänftigung statistisch gesehen kontraproduktiv.

Signale des Wegduckens

Besuchen wir die sechste Klasse einer großen Gesamtschule, und beobachten wir die Schülerinnen und Schüler während der Pause. Zwei oder drei äußern eine Körpersprache, die auf einen gewohnheitsmäßigen Tiefstatus hindeutet. Ihre innere Haltung,

Konflikten aus dem Weg zu gehen und sich bei drohenden Konfrontationen in den Opferstatus zu begeben, ist ihnen bereits zur Gewohnheit geworden. Sobald sie in Situationen geraten, in denen ihnen von Mitschülerinnen und Mitschülern Gefahr drohen könnte, ziehen sie sich zurück oder machen sich klein. Wenn ihnen andere Personen zu nahe kommen, senden sie mit jeder Faser ihres Körpers die heimliche Botschaft aus: »Ich bin euch unterlegen und komme euch nicht in die Quere. Ich werde mich im Konfliktfall nicht wehren. Bitte tut mir nichts.« Die betreffenden Jugendlichen sind »wandelnde Besänftiger«. Ihre äußere Haltung offenbart die innere: Um nicht zum Opfer von Forderungen, Angriffen oder Übergriffen zu werden, nehmen diese Jugendlichen präventiv die körpersprachliche Tiefstatus-Haltung ein.

Durch vorauseilende Besänftigung potenzieller Kontrahenten sollen Konflikte schon im Vorfeld verhindert werden.

Schauen wir uns die Körpersprache eines dieser Schüler – nennen wir ihn Karsten – genauer an: Wie kommuniziert er seine innere Haltung, welche nonverbalen Signale von Karsten begünstigen, daß er immer wieder von seinen Mitschülern und Mitschülerinnen gehänselt und gefoppt wird?

Der flüchtende Blick

Karsten hat Schwierigkeiten, seinen Mitmenschen in kommunikativen Situationen in die Augen zu schauen. Immer wieder unterbricht er den Blickkontakt und flüchtet mit seinen Augen. Nur mit seinen engsten Freunden ist er in der Lage, Blickkontakte aufzunehmen, die länger als 2 bis 3 Sekunden dauern.

Karstens flüchtendes Blickverhalten ist weit verbreitet. Jeder von uns kennt Erwachsene, seien das Freunde oder Kollegen, die Schwierigkeiten mit der visuellen Kontaktaufnahme haben:

- Menschen mit flüchtendem Blickverhalten können, wenn sie während eines Gesprächs in der sprechenden Position sind, ihren Worten durch visuelle Signale des Blickhaltens keinen Nachdruck verleihen.
- Wenn sie anderen zuhören, weichen sie sofort mit ihrem Blick aus, sobald die sprechende Person visuellen Kontakt mit ihnen aufnimmt.
- Da diese Menschen immer wieder angstvoll kontrollieren müssen, wie ihr Gegenüber agiert oder reagiert, kehren sie mit ihren Blicken kurze Zeit nach dem Blickabwenden zu den Augen ihres Gesprächspartners zurück. Doch kaum treffen sich die beiden Blicke, flüchten ihre Augen erneut – sie haben einen »Flackerblick«.

Ein flüchtender Blick kann auf zwei Arten bewertet werden:

- Handelt es sich um eine eigentlich selbstsichere Person, ziehen wir aus dem visuellen Fluchtverhalten Rückschlüsse auf ihre **situative** Unsicherheit. Irgend etwas scheint diese Person in der konkreten Situation verunsichert zu haben. Von dem flüchtenden Blickverhalten schließen wir auf ihre **momentane** psychische Verfassung und bewerten die betreffende Person als – ausnahmsweise – unsicher oder ängstlich. Häufig unterstellen wir unserem Gegenüber sogar, daß es etwas zu verbergen hat oder lügt, sich deswegen unsicher fühlt und folglich den Blickkontakt nicht aufrechterhalten kann.
- Wenn das flüchtende Blickverhalten oder der »Flackerblick« zum ständigen visuellen Verhalten einer Person gehört, dann führt die Aussage, daß sie dem Gegenüber nicht in die Augen

schauen kann, zu einer charakterlichen Zuschreibung: »Die Person ist durch und durch unsicher. Sie kann aufgrund ihrer generellen Unsicherheit anderen Menschen nie in die Augen schauen.« Wir unterstellen ihr mangelndes Selbstbewußtsein und durchgehende Ängstlichkeit.

Ein solches Blickverhalten kommuniziert eine momentane oder generelle Unfähigkeit, den Blickkontakt ruhig und intensiv zu gestalten:

Flüchtendes Blickverhalten signalisiert Unsicherheit oder Angst.

Wie reagiert Karsten, wenn seine Mitschüler ihn mit ihren bohrenden Blicken in konflikthaften Situationen bedrohen? Er weicht mit seinen Augen nicht nur aus und kommuniziert dadurch seine Unsicherheit, sondern er senkt seinen Blick häufig auch zu Boden. Damit sendet er die zusätzliche Information an seinen jeweiligen Kontrahenten: »Ich fühle mich dir unterlegen. Du bist der kampflose Sieger.«

Auch das Signal des Blicksenkens kennen wir aus vielen Alltagssituationen:

Ein Kind hat etwas ausgefressen und wird von der Mutter zur Rede gestellt. Das Kind sieht seinen Fehler unmittelbar ein. Es nimmt den Blickkontakt zur Mutter kurz auf, senkt danach den Blick, schaut betroffen zu Boden und räumt anschließend auch verbal die eigene Schuld ein: »Tut mir leid, Mama, ich tue es auch nie wieder. Bestimmt nicht.«

Das Kind reagiert auf die drohenden Blicke der Mutter mit einem visuellen Signal der Statussenkung – dem demütigen Blick. Mit Hilfe dieses Signals möchte es der Mutter die eigene Unterwerfung kommunizieren und ihr gleichzeitig den Wind für weitere Angriffe aus den Segeln nehmen. Die heimliche Botschaft des gesenkten Blicks lautet: »Mama, du bist der Boß. An meinem gesenkten Blick siehst du: Ich werfe mich visuell-symbolisch vor dir zu Boden. Bitte tu mir nichts!«

Häufig können wir in Konfliktsituationen, in denen sich die unterlegene Partei durch Blicksenken symbolisch unterwirft, anschließende kurze Kontrollblicke beobachten: Das Kind senkt bei der beginnenden Strafpredigt der Mutter zunächst seinen Blick zu Boden. Doch danach hebt es immer wieder kurz seinen Kopf und schaut für einen Wimpernschlag in die Augen der Mutter. Es will prüfen, ob die Mutter mögliche weitere Angriffe unternimmt, gegen die es sich schützen muß. Die Kontrollblicke zeigen, daß die Selbstauslieferung nicht total ist: Sollte die Mutter beispielsweise zu einer Backpfeife ausholen, kann das Kind reagieren und sich schützen. Zusätzlich kann es mit Hilfe seiner Kontrollblicke überprüfen, ob die Strategie der Besänftigung bereits erfolgreich ist oder ob diese ausgedehnt und intensiviert werden muß.

Der gesenkte Blick, ob mit oder ohne begleitende Kontrollblicke, dient der Besänftigung des Konfliktgegners.

Fatal für Karsten ist, daß er – vermutlich ungewollt – seinen Kontrahenten mit seinen visuellen Signalen der Unterlegenheit und Besänftigung gleichzeitig die heimliche Botschaft kommuniziert: »Ich werde mich nicht wehren.« Diese Botschaft kann von jenen auch interpretiert werden als: »Ein Übergriff ist risikolos.«

Raumreduktion

Karsten ist, so beschreiben ihn seine Lehrerinnen und Lehrer, ein sehr unauffälliger Schüler. Im Gegensatz zu vielen seiner Altersgenossen wird er kaum wahrgenommen. Dahinter steckt durchaus ein unbewußtes strategisches Kalkül: »Wenn ich nicht auffalle, kann ich auch kein Opfer von Übergriffen werden.« Karstens Unauffälligkeit ist das Ergebnis vieler kleiner und unscheinbarer Körpersignale der Raumreduktion und des Rückzugs, die wir auch aus anderen Zusammenhängen kennen:

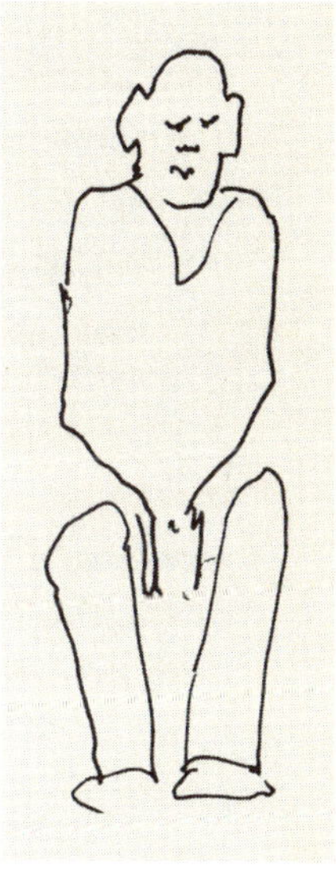

- Der Proband in einem Bewerbungsgespräch sitzt lediglich auf dem vorderen Teil seines Stuhls und schaut überwiegend auf den Boden vor seinen Füßen.
- Das ängstliche Mädchen in der vollbesetzten U-Bahn preßt seine Knie zusammen und legt die verkrampften Hände in den Schoß.
- Der neue Mitarbeiter im Team sitzt während der gesamten Konferenz mit angelegten Ober- und Unterarmen auf seinem Stuhl und legt nicht einmal seine Ellenbogen auf den Tisch.
- Die Ehefrau wagt in dem heftigen Streit mit ihrem Mann kaum, tief Luft zu holen und ihren Brust- und Bauchbereich auszudehnen. Sie atmet flach.

Jede dieser Personen ist verlegen, unsicher oder gar ängstlich. Die jeweiligen Kommunikationspartner, seien das nun der Prüfer, andere Fahrgäste, Mitarbeiter oder der Ehemann, werden von ihnen als dominant und angsteinflößend wahrgenommen.

Eine innere Haltung der Unsicherheit zeigt sich in der äußeren Haltung – der körpersprachlichen Raumreduktion. Durch die geringstmögliche Inanspruchnahme von Raum sollen mögliche Konflikte und Übergriffe präventiv vermieden werden.

Die heimliche Botschaft der Raumreduktion lautet: »Ich kann mich leider nicht in Luft auflösen. Als Ausgleich ziehe ich mich so weit in mich selbst zurück, daß ich keine Bedrohung mehr darstellen kann. Ich gebe dir so viel Raum, wie es eben geht. Bitte laß mich als Gegenleistung dafür in Ruhe!« Diese versteckte Aussage verdeutlicht:

Die Raumreduktion bezweckt im Konfliktfall die Besänftigung und Beschwichtigung des Gegenübers.

Übrigens: Das Wort »Angst« kommt aus dem Lateinischen »angustia« und heißt wörtlich übersetzt »Enge«. Kein Zufall, denn das Gefühl der Angst nehmen wir stets wahr als Zuschnüren der Halspartie oder als Druck auf den Oberkörper und den Bauch. Wir erleben somit Angst ganz hautnah als körperliche Enge – als durch inneren wie äußeren Druck erzwungene Raumreduktion.

Bei Karsten ist die Raumreduktion zur Gewohnheit geworden. Sollte ihm trotz aller Unauffälligkeit ein Mitschüler zu nahe treten, erduldet Karsten den Übergriff widerstandslos, um den Konflikt schnellstmöglich und verletzungsfrei zu überstehen. Er toleriert invasives Verhalten seiner Mitschülerinnen und Mitschüler, denn Widerstand würde Kampf und somit zusätzliche Verletzungen bedeuten. Doch wie beurteilen die jeweiligen Invasoren Karstens widerstandslose Duldung der Übergriffe? »Mit dem kann man es risikolos machen!«

Das unsichere Lächeln

Achten Sie einmal auf Karstens Mimik, wenn er von seinen Mitschülerinnen und Mitschülern geärgert wird: er lächelt. Macht er »eine gute Miene zum bösen Spiel«, oder erfreut er sich gar an deren Bösartigkeiten? Wohl kaum: Karsten will mit Hilfe seines Lächelns die jeweiligen Kontrahenten milde stimmen. Sein unsicheres Lächeln hat mit einem freudigen Lächeln nichts gemein.

Wie aber kommt es, daß sich in manchen Situationen Verlegenheit, Unsicherheit oder Angst dadurch äußern, daß wir die Mundwinkel zurückziehen und scheinbar lächeln? Um diese Frage zu beantworten, unternehmen wir einen Ausflug ins Tierreich und betrachten einen Kampf zwischen zwei Primaten. Alles dreht sich um die entscheidende Frage: Wer ist der Boß? Nehmen wir an, daß gegen Ende des Kampfes der schwächere der beiden Kontrahenten in eine bedrohliche Lage gerät, weil ihn der stärkere Primat bei fortgesetzten Angriffen ernsthaft verletzen oder gar töten könnte. In diesem Fall sendet der unterlegene Primat Signale der Unterwerfung aus, um den siegreichen zu besänftigen und diesen von weiteren Kampfeshandlungen und Verletzungen abzuhalten. Die mimische Umsetzung der Demut und Beschwichtigung des unterlegenen Primaten ist das Zurückziehen der Mundwinkel und das Freilegen der Zähne!

Nicht zu verwechseln ist dieses Signal der Besänftigung mit dem aggressiven Zähnefletschen des Primaten. Dabei werden zwar auch die Zähne gezeigt, aber der Unterkiefer wird nach vorne geschoben. Das Wort Aggression kommt aus dem Lateinischen »aggredior« und heißt wörtlich übersetzt »herantreten«. Sämtliche körpersprachlichen Äußerungen der Aggression bei

Primaten und auch bei Menschen gehen – wie der vorgeschobene Unterkiefer beim Zähnefletschen – nach vorne. Im Gegensatz dazu werden beim besänftigenden »Lächeln« des Primaten Mundwinkel und Unterkiefer so nach hinten gezogen, daß der Mund sich öffnet und die Zähne freigelegt werden.
Auch wir Menschen äußern in Situationen extremer Bedrohung und Angst mimische Signale der Flucht. Sie kennen sicher Fotos von Menschen in panischer Angst – wir können kaum unterscheiden, ob diese Menschen lachen oder Angst haben.

Bei panischer Angst ziehen wir unsere Mundwinkel weit nach hinten zurück, legen die Zähne frei und zeigen unser Angstgesicht.

Wenn wir Menschen uns unsicher fühlen oder verlegen sind, kann es sein, daß wir mimische Andeutungen dieses Angstgesichtes zeigen, indem wir die Mundwinkel ein wenig nach hinten ziehen und den Mund leicht öffnen: Wir lächeln unsicher.

- Ein verlegenes, unsicheres oder ängstliches Lächeln sendet die heimliche Botschaft aus: »Ich habe Angst vor dir und fühle mich unsicher und dir unterlegen.«
- Zusätzlich wird durch dieses mimische Signal die Botschaft an den Kommunikationspartner gesendet: »Ich bin dir nicht feindlich, sondern freundlich gesinnt. Ich tue nichts, was dir schaden könnte. Bitte verschone mich daher von weiteren Angriffen. Behandle mich nicht feindlich, sondern freundlich.« Das unsichere Lächeln dient also auch der Besänftigung des Kontrahenten.

Es gibt unsichere Menschen, denen – wie Karsten – das unsichere Lächeln zur zweiten Natur geworden ist. Möglichen Anforderungen, Belastungen oder gar feindlichen Handlungen ihrer Mitmenschen begegnen diese »Dauer-Lächler« mit einer präventiven Besänftigung und Unterwerfung, deren heimliche Botschaft lautet: »Ich ahne schon, daß ihr mir etwas antun könntet. Aber ihr seht doch, daß ich euch nicht gewachsen bin und nichts gegen euch tun werde. Ich bin euch freundlich gesinnt. Bitte behandelt mich ebenso freundlich und verschont mich.«

Intuitiv können wir deutlich unterscheiden, ob ein Lächeln Freude oder Unsicherheit und Angst ausdrückt: Die Augen lächeln nicht mit.

So auch bei Karsten: Seine Mitschülerinnen und Mitschüler erkennen hinter dem Lächeln seine Unsicherheit. Dieses Lächeln wird von ihnen als Unterlegenheit gedeutet, und einem unterlegenen Kontrahenten lassen sich mühelos eigene Interessen aufzwingen.

Menschen, die ein ängstliches Lächeln äußern, werden als schwach und unterlegen wahrgenommen.

Nie wieder Opfer?

Karsten möchte mit seinen Körpersignalen des Wegduckens Opfersituationen vermeiden. Und doch führen seine nonverbalen Verhaltensweisen mit einer hohen Wahrscheinlichkeit genau zu dem, was er eigentlich verhindern wollte: Opfersituationen.

- Die Trainerinnen von Selbstbehauptungskursen für Mädchen oder Frauen wissen, daß eine Tiefstatus-

Körpersprache Belästigungen und Übergriffe seitens der Täter begünstigt. Also arbeiten sie mit den Teilnehmerinnen an selbstsicherem Auftreten.

- Auch Lehrerinnen und Lehrer beobachten immer wieder, wie Jugendliche, die in den permanenten körpersprachlichen Tiefstatus gehen und in Konfliktsituationen die Opferstrategie ergreifen, gerade von denjenigen Mitschülerinnen und Mitschülern gehänselt und angegriffen werden, die nach oben buckeln, aber nach unten treten.

Das Dilemma des Wegduckens und Kleinmachens ist die heimlich transportierte Botschaft des »Ich werde mich nicht wehren«, die ja auch der inneren Haltung entspricht. Diese versteckte Botschaft ist kontraproduktiv, wenn es gilt, Opfererfahrungen zu vermeiden. Denn die bedrängenden Personen lesen diese Botschaft, das haben wir mehrfach gezeigt, ganz anders: »Der wird sich nicht wehren. Also ist ein Übergriff vollkommen risikolos. Mit dem kann man es machen!«

Präventive Besänftigung begünstigt Opfersituationen.

Doch Vorsicht: Wir möchten mit dieser Aussage nicht die Opfer zu Tätern machen, indem wir ihnen die Schuld an den Übergriffen zuschieben. Wir sprechen davon, daß eine Tiefstatus-Körpersprache Opfersituationen begünstigt, nicht aber erzeugt. Die Täter sind und bleiben die Täter. Wir möchten mit unseren Erläuterungen lediglich aufzeigen, daß wir mit der Opferstrategie allzu häufig Opfersituationen leider nicht vermeiden können.

Weibliche Waffen?

So wenig wie die körpersprachliche Angriffsstrategie des Drohens, Abschreckens und Verletzens männlich ist, so wenig ist die Opferstrategie des Duckens, Besänftigens und Beschwichtigens weiblich. Daher haben wir in dem letzten Abschnitt die Körpersignale des Duckens bewußt am Beispiel eines Jungen illustriert. Dennoch greifen Männer und Frauen – wiederum statistisch gesehen – im Streitfall nicht auf die gleichen Konfliktstrategien zurück:

- Die Dominanzstrategie wird häufiger von Männern ergriffen, weil sie mit den Leitbildern traditioneller Männlichkeit wie Durchsetzungsvermögen, Mut, Stärke oder Risikobereitschaft kompatibel ist. Wer sich und anderen unter Beweis stellen will, daß er diese Leitbilder von Männlichkeit auch realisieren kann, für den heißt es im Konfliktfall, dominant aufzutreten, die Kontrahenten einzuschüchtern und gegebenenfalls einen (Gegen-)Angriff zu fahren. Bereits im Sandkasten bekommen die Jungen das passende Rüstzeug für dieses Verhalten geliefert, wenn ihnen ihre Mütter und Väter sagen: »Du mußt dich wehren, wenn du angegriffen wirst.« Angst vor Regression ihrer Jungen verleitet die Eltern dazu, diesen die Angriffsstrategie als Muster der »verteidigenden« Konfliktbewältigung zu empfehlen. Was als Verteidigungsfall gilt, wird von Tätern erfahrungsgemäß sehr großzügig ausgelegt: »Der hat mich blöd angeguckt!« reicht bereits als Legitimation für einen präventiven Erstschlag.

- Die Opferstrategie wird häufiger von Frauen verwendet, denn die traditionellen Leitbilder von Weiblichkeit wie Anschmiegsamkeit, Selbstaufopferung, Rücksichtnahme oder Anpassungsvermögen verlangen von der Frau im Konfliktfall Besänftigung und Beschwichtigung der Gefahrenquelle. Die Folge dieser Leitbilder: Aggressive Äußerungen von Mädchen wurden und werden teilweise auch heute noch tabuisiert; statt offensiv ihre Konfliktinteressen zu verfolgen, sollen Mädchen lernen, sich zurückzunehmen und lieber ausgleichend zu wirken.

Nun mag man einwenden, daß zumindest die traditionellen Leitbilder von Weiblichkeit längst überholt und Mädchen und Frauen heute weitgehend emanzipiert sind. Wenn dem tatsächlich so ist, dann bleibt unerklärlich, warum in Schulen, Vereinen und Volkshochschulen derart viele Selbstbehauptungskurse, Durchsetzungsworkshops und Rhetorikkurse für Frauen angeboten werden und diese durchweg gut besucht sind. Auch auf dem Buchmarkt finden wir Dutzende von Titeln, die für ein neues weibliches Selbstbewußtsein und ein verändertes strategisches Verhalten in Konflikten werben. Das Credo all dieser Kurse und Bücher lautet:

- Wenn frau mit beiden Beinen im Leben stehen will, dann findet sie auf Pfennig-Absätzen nicht den Halt, der für das Durchstehen von Standpunkten gegen Konkurrenten notwendig ist. Durchsetzungsvermögen verlangt klare Stellungnahmen.
- Eine sichere Stellungnahme in Konflikten läßt sich nicht mit Augenklimpern, Kulleraugen, Kopf-Schiefstellung und säuselnder Stimme abgeben.
- Die Umsetzung von Entscheidungen gegen mögliche Widerstände ist im körpersprachlichen Tiefstatus nicht machbar.
- Ein klares und selbstsicheres Auftreten begünstigt die Durchsetzung eigener Interessen und beruflichen Erfolg.

Natürlich gibt es so manche private oder berufliche Situationen, in denen sich Frauen durch den bewußten Rückgriff auf die Tiefstatus-Strategie des Umgarnens, Bezirzens und Umwerbens Vorteile gegenüber Männern verschaffen können. Diejenigen, die die »Waffen der Frau« bewußt und taktisch ergreifen, um Punktsiege in Konflikten mit Männern zu erringen, inszenieren ihren Tiefstatus auf der Basis eines inneren Hochstatus und wenden die Strategie der Inszenierung des »Weibchens« sehr erfolgreich an. Als generelle oder alleinige Strategie ist diese Inszenierung jedoch unbrauchbar, wenn es gilt, privat oder beruflich den eigenen Weg zu gehen. Denn erstens funktionieren die »Waffen der Frau« nur gegenüber Männern, und zweitens lassen sich jene zwar gerne umgarnen, umschmeicheln und besänftigen, aber wenn es »hart auf hart kommt«, setzen auch sie ihre Interessen gegen die »Weibchen« durch. Mit ihrem Durchsetzungsvermögen, ihrer mentalen Stärke und ihrer erhöhten Risikobereitschaft schnappen sie im Zweifelsfall den »sanften Frauen« den Auftrag oder den Job vor der Nase weg.

Die Opferstrategie mit ihrer Tiefstatus-Körpersprache verträgt sich nicht mit Selbstbehauptung und Durchsetzungskraft. Dies gilt für Männer wie für Frauen.

Vom Machtsignal zur Partnerschaftlichkeit

Wertschätzung in der Kommunikation

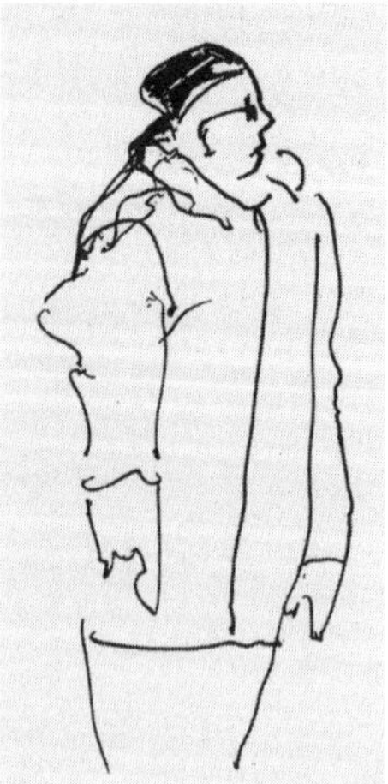

Am Beispiel von exemplarischen Alltagssituationen haben wir die Zusammenhänge zwischen hierarchischer Kommunikation und körpersprachlichen Signalen erläutert. Immer wieder haben wir gefragt: Mit welchen nonverbalen Verhaltensweisen wollen die einen erreichen, daß sie die Chefs im Ring sind, und mit welchen Signalen kommunizieren die anderen ihre untergeordnete Stellung in der jeweiligen kommunikativen Situation? Unser Grundgedanke war der, daß sich die Körpersprache in der Regel auf der unbewußten Ebene der Kommunikation vollzieht. Daher ist die Bewußtmachung der Körperstrategien von Macht und Ohnmacht eine notwendige (aber nicht hinreichende) Bedingung dafür, sich im Konfliktfall vor aggressiven oder auch mitleidheischenden Körperstrategien schützen zu können. Das Wissen um die druckvolle Wirkung von körpersprachlichen Waffen in Form von Dominanz- und Unterwerfungssignalen, mit denen uns unsere Mitmenschen konfrontieren, kann dazu beitragen, diese zu entschärfen.

Aber seien wir ehrlich: Wir sind nicht nur Opfer druckvoller nonverbaler Konfliktstrategien unserer Mitmenschen, sondern ebenso häufig auch Täter. Nicht nur die »bösen« Mitmenschen, auch wir verwenden in vielen kommunikativen Situationen Signale der Dominanz oder Unterwürfigkeit, um uns gegenüber möglichen Konkurrenten zu behaupten. Wenn wir ohne Vorankündigung in die Räume unserer Mitmenschen eindringen, betreiben wir (unbewußt) Invasion. Wenn wir in der Zeitung lesen oder aus dem Fenster schauen, während unser Gesprächspartner uns etwas erzählt, verhalten wir uns ignorant. Wenn wir im Streit eine drohende und laute Stimme einsetzen, erzeugen wir Angst. Und wenn wir uns zugeknöpft geben, lassen wir unsere Mitmenschen darüber im unklaren, was wir über sie denken, und tragen somit zu deren Verunsicherung bei. Immer wieder spüren wir: Die Verwendung von Machtsignalen erzeugt Druck. Der von uns ausgeübte Druck bleibt nicht folgenlos für das Verhältnis zu unserem jeweiligen Kommunikationspartner. Ein achtlos oder gezielt ausgeübter Druck distanziert und führt nicht selten zu Gegendruck. Die Beziehungen zu unseren Mitmenschen leiden.

Daraus folgt: Wollen wir unseren Mitmenschen mit Partnerschaftlichkeit und Wertschätzung begegnen, dann sollten wir auf Macht- und Ohnmachtssignale verzichten – oder uns nach deren Verwendung zumindest entschuldigen. Auch hier gilt: Der Verzicht setzt schlicht und ergreifend die Kenntnis dieser Signale voraus. Deshalb haben wir so großen Wert darauf gelegt, Ihnen die zentralen körpersprachlichen Signale von Dominanz und Unterwerfung vorzustellen.

Nur Bewußtheit kann helfen, sich partnerschaftlich statt überheblich oder unterwürfig zu verhalten.

Aber wir wissen auch – nicht zuletzt aus eigener Erfahrung –, wie schwer der Einsatz einer wertschätzenden Körpersprache in der Hektik und im Streß des Alltags fallen kann. Immer wieder tappen wir in die Falle altbekannter Gewohnheiten. Daher lohnt es sich, in diesem abschließenden Kapitel ausführlich auf einige zentrale Körpersignale einzugehen, die Partnerschaftlichkeit und Wertschätzung kommunizieren: Wir werden Ihnen vorstellen, wie sich auf der visuellen Ebene gleiche Augenhöhe ausdrückt. Wie werden anhand einiger Alltagsbeispiele zeigen, wie Sie achtsam mit den Räumen Ihrer Mitmenschen umgehen können. Und wir werden Ihnen zeigen, wie Sie sich der verletzenden Dominanz-Signale Ihrer Mitmenschen im Konfliktfall erwehren können.

Blickverhalten und Respekt

Die bohrenden Blicke haben wir bereits mehrfach vorgestellt, und die visuelle Ignoranz ist uns im Kapitel »Wer hat hier das Sagen?« begegnet: Der Chef hat damit seinem leitenden Angestellten vor Augen geführt, wer der Boß ist. Auch den Dackelblick und das flüchtende Blichverhalten haben wir anhand verschiedener Situationen erörtert. Wie also drücken wir mit Hilfe unseres Blickverhaltens Partnerschaftlichkeit aus? Ganz einfach: Indem wir uns an das stillschweigende Regelwerk halten, das in unserer Kultur die Blicke wie bei einem Tanz so lenkt und führt, daß eine angenehme Atmosphäre zwischen uns und unserem jeweiligen Gesprächspartner entsteht.

Erste Regel: In die Augen schauen während des Zuhörens!

Der erste Teil des idealtypischen Regelwerks für ein partnerschaftliches Blickverhalten in einem Gespräch bezieht sich auf das Zuhören: Die jeweils zuhörende Person schaut dem Kommunikationspartner, solange dieser spricht, durchgehend in die

Augen. Dadurch signalisiert sie der sprechenden Person Aufmerksamkeit. Der aufmerksame Blick zeigt dem Gegenüber Respekt an. Übrigens: »Respekt« kommt vom lateinischen »respicere«, was wörtlich übersetzt »zurückschauen« heißt!

Respekt muß jedoch nicht zwangsläufig bedeuten, daß eine zuhörende Person mit ihrer visuellen Aufmerksamkeit auch automatisch ihre inhaltliche Übereinstimmung mit den Äußerungen des Gesprächspartners signalisiert. Sie gibt der sprechenden Person lediglich zu verstehen, daß es ihr wichtig ist, deren Gedanken mitgeteilt zu bekommen. Die heimliche Botschaft der visuellen Aufmerksamkeit während des Zuhörens lautet: »Du bist mir wichtig. Deshalb möchte ich, daß du mir deine Gedanken und Gefühle mitteilst. An meiner visuellen Aufmerksamkeit erkennst du: Ich höre dir zu!«

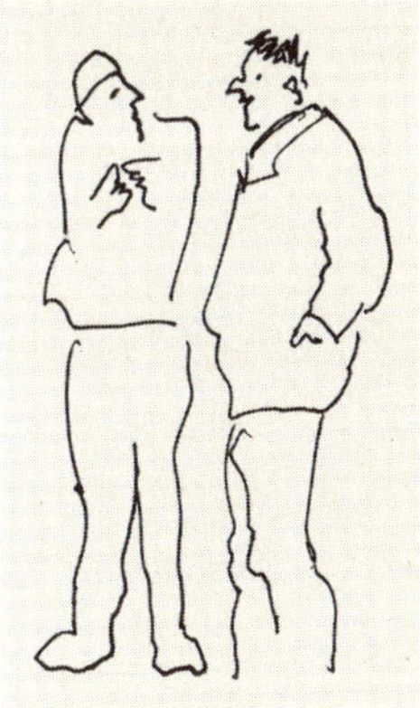

Visuelle Aufmerksamkeit während des Zuhörens ist ein Zeichen persönlicher Wertschätzung – unabhängig von der inhaltlichen Bewertung des Geäußerten.

Zweite Regel: Wechsel von Blickkontakt und Blickabwenden während des Sprechens!

Wenn eine zuhörende Person Regel 1 befolgt, indem sie der sprechenden Person in die Augen schaut, dann kommt es zu einem Blickaustausch, sobald auch die sprechende Person während ihres Redeflusses Augenkontakt sucht: Sprecher und Zuhörer begegnen sich immer wieder mit ihren Blicken. Aus Erfahrung jedoch wissen wir: Mit jeder Sekunde gegenseitigen Blickkontakts wächst die Spannung – auch zwischen guten Freunden. Daher gibt es zur Vermeidung allzu großer Spannungen in einem Gespräch eine zweite Regel: Nach etwa zwei bis zehn Sekunden gegenseitigen Blickkontakts löst die sprechende Person die entstehende Spannung dadurch auf, daß sie mit ihren Augen abschweift.

Eine Person, die sich gerade in der sprechenden Rolle befindet, praktiziert folglich einen ständigen Wechsel zwischen Blickkontakt und Blickabwenden: Nach einigen Sekunden der visuellen Abwesenheit kehrt sie zu den Augen der zuhörenden Person zurück, um erneut für zwei bis sieben Sekunden visuellen Kontakt aufzunehmen. Mit ihren Blickkontakten überprüft sie einerseits: »Hörst du mir noch zu? Wie stehst du zu meinen Gedanken? Schenkst du mir soviel Aufmerksamkeit, daß ich noch weiterreden kann?« Zum anderen versucht die sprechende Person, die Eindringlichkeit besonders wichtiger Gedankengänge zu erhöhen: »Das, was ich dir jetzt sage, ist mir besonders wichtig. Das erkennst du an meinem direkten Blick.« Das Aufnehmen des Blickkontakts während des Sprechens kann also sowohl der Aufmerksamkeitskontrolle als auch der Bekräftigung von Gedanken dienen. Gleichzeitig wird durch den Augenkontakt die Verbindlichkeit der Beziehung erhöht, denn »Blicke sind Berührungen auf Distanz«. Da nach einigen Sekunden Blickkontakt die Spannung wieder wächst, schweift die sprechende Person erneut mit ihren Augen ab, um sich auf die eigenen Gedanken konzentrieren zu können und der zuhörenden Person den Raum für Beobachtungen zu überlassen.
Doch warum ist es die sprechende Person, die mit ihren Blicken ausweicht, und nicht die zuhörende?

- In einem Gespräch ist es normalerweise die sprechende Person, die mehr Konzentration als die zuhörende benötigt, um ihre Gedanken zu sammeln und sie zu formulieren. Eine allzu große Spannung, die durch lange Blickkontakte entstehen würde, wäre ihrer Konzentrationsfähigkeit abträglich. Folglich wandert sie mit ihren Augen nach etwa zwei bis zehn Sekunden Blickkontakt ab, um die Spannung abzubauen und sich besser auf die Formulierung eigener Gedanken konzentrieren zu können. Sie sucht sich ihre Gedanken quasi in der Luft bzw. ihrem Gehirn zusammen. Ihre Blicke folgen dabei ihren Gedanken.

- Selbst in einem »unkonzentrierten« Plausch über die alltäglichen Dinge des Lebens folgt die jeweils sprechende Person diesem Regelwerk des Blickabwendens. Dem Zuhörer wird dadurch die Möglichkeit gegeben, die sprechende Person ununterbrochen und weitgehend spannungslos anzuschauen und weitere nonverbale Informationen zu sammeln. Denn Zuhören ist ein ganzheitlicher Prozeß: Neben der Entschlüsselung des Inhalts einer Botschaft hören wir auf Zwischentöne und analysieren die Körpersprache der sprechenden Person. Wir fragen – unbewußt – nach ihren Emotionen, die sich in ihrer Körpersprache äußern. Das heißt: Immer wenn wir einer erzählenden Person in die Augen schauen, nehmen wir unbewußt und peripher auch deren Mimik wahr. Durch Blickabwenden überläßt die sprechende Person der zuhörenden den visuellen Raum und sendet die heimliche Botschaft: »Du kannst mich gerne spannungslos beobachten und meine Haltungen, Einstellungen und Emotionen hinter meinen Worten anhand meiner Mimik überprüfen.«

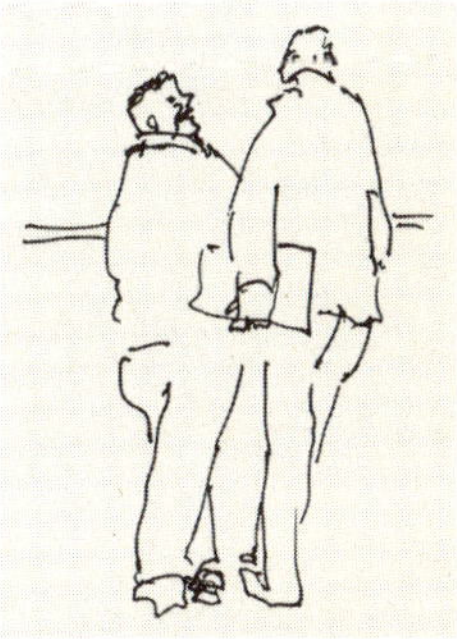

Ein Gespräch ist aber im Gegensatz zum Monolog keine Einbahnstraße, sondern ein ständiger Wechsel von Zuhören und Sprechen. Jemand, der für einige Zeit in der zuhörenden Rolle ist, kann sich bereits eine Sekunde später in der sprechenden Rolle befinden. Eine sprechende Person beendet ihren Redebeitrag durch einen abschließenden bekräftigenden Blick in Richtung zuhörende Person. Diese Blickaufnahme fungiert als Signal der Übergabe des »Rederechts« an den Zuhörer.

Zusammengefaßt lauten die idealtypischen Regeln für unser visuelles Verhalten in Gesprächen wie folgt:

- Ist eine Person während eines Gesprächs in der zuhörenden Rolle, so schaut sie der sprechenden Person in die Augen.
- Die sprechende Person löst die entstehende Spannung, verursacht durch den gegenseitigen Blickkontakt, nach spätestens zehn Sekunden dadurch auf, daß sie mit ihren Augen abschweift. Anschließend nimmt sie zum Zwecke der Verbindlichkeit, Bekräftigung oder Kontrolle für einige Sekunden erneut visuellen Kontakt mit der zuhörenden Person auf.
- Die sprechende Person signalisiert der zuhörenden Person die Bereitschaft zu einem Rollentausch durch einen bekräftigenden oder zur Reaktion auffordernden Blick am Ende ihres Redebeitrags.

Dieses Regelwerk, das übrigens nur für unseren Kulturkreis gilt, scheint kompliziert zu sein. Ist es aber nicht. Sie müssen nur auf einen Punkt achten: Wollen Sie Respekt vermitteln, dann achten Sie darauf, daß Sie während des Zuhörens Ihrem sprechenden Kommunikationspartner in die Augen schauen. Auf Ihre Blicke während des Sprechens müssen Sie sich nicht konzentrieren: Der Wechsel zwischen Blickkontakt und Blickabwenden vollzieht sich automatisch. Die größten und zugleich verletzendsten Unachtsamkeiten geschehen während des Zuhörens, wenn wir mit unseren Blicken abschweifen.

Mit der Befolgung dieses Regelwerks signalisieren sich Freunde oder auch Partner ihren gleichen kommunikativen Status in einem Gespräch.

Auch in kommunikativen Situationen mit fremden Personen im öffentlichen Raum vermeiden wir Spannungen positiver oder negativer Art, wenn wir uns an die stillschweigende Vereinbarung halten, keinen Blickkontakt von über zwei Sekunden zu pflegen. Probieren Sie es aus: Setzen Sie sich in einer U-Bahn auf eine Bank, und schauen Sie der Person, die Ihnen gegenüber Platz genommen hat, in die Augen. Solange diese aus dem Fenster schaut, können Sie der Person stundenlang in die Augen blicken, ohne daß sich bei Ihnen eine nennenswerte Spannung aufbaut. Sie werfen **verstohlene Blicke,** doch es kommt zu keinem Blickkontakt. Erst in dem Moment, in dem auch Ihr Gegenüber Ihnen in die Augen schaut und Ihre Blicke sich treffen, verändert sich die Situation schlagartig: Die Spannung wird durch den Blickkontakt innerhalb kürzester Zeit so groß, daß einer von Ihnen nach spätestens ein, zwei Sekunden den Blick abwendet. Dadurch kommunizieren wir uns wechselseitigen Respekt: »An meinem frühzeitigen Blickabwenden erkennen Sie, daß ich Ihnen nicht zu nahe kommen möchte. Bitte handeln Sie ebenso.«

Die Einhaltung der Regel, den Blickkontakt mit fremden Personen nicht länger als ein bis zwei Sekunden aufrechtzuerhalten, dient der Konfliktbegrenzung.

Die Auflösung des Blickkontakts nach spätestens zwei Sekunden ermöglicht es, daß sich fremde Personen – trotz teilweise bedrückender räumlicher Enge – immer wieder streßfrei begegnen können. Eine besondere Form der Konfliktvermeidung in Situationen extremer Enge (»Pferchung«) erleben wir in Fahrstühlen: Dort müssen wir in Kauf nehmen, daß uns wildfremde

Personen so weit »auf die Pelle rücken«, daß sie uns gar berühren. Um trotz dieser Berührungen eine allzu große Intimität und erhöhte Spannungen zu vermeiden, starren wir gemeinsam auf die Ziffern über der Fahrstuhltür, die das jeweilige Stockwerk anzeigen. Dadurch gehen wir sicher, daß wir uns visuell nicht begegnen und die Nähe als bedrohlich empfinden könnten. Wenn unsere Blicke »Berührungen auf Distanz« sind, dann gewährleistet eine Blickvermeidung emotionalen Abstand – trotz körperlicher Berührungen.

Wir möchten abschließend betonen, daß es sich um ein idealtypisches Regelwerk handelt, das in bestimmten Situationen Abweichungen zuläßt, ohne daß die Partnerschaftlichkeit innerhalb der Kommunikation gefährdet ist:

- Muß sich beispielsweise eine zuhörende Person auf die Gedankengänge des Sprechers besonders konzentrieren, so kann auch sie zur Konzentrationssteigerung während des Zuhörens ihren Blick abwenden, ohne daß ihr dieses Abwenden als Respektlosigkeit ausgelegt wird. Allerdings sollte sie ihre Konzentration durch begleitende verbale oder nonverbale Signale kenntlich machen: zustimmendes Kopfnicken, Zusammenziehen der Augenbrauen, Blicksenken, kommentierende verbale Äußerungen.
- Plaudern zwei Freundinnen oder Freunde beispielsweise in einem Straßencafé über alltägliche und relativ banale Dinge, können sie auch nebeneinander sitzen und sich kaum anschauen, während sie miteinander reden.

Sollten Sie selbst in die unangenehme Situation geraten, daß Ihr Kommunikationspartner Sie während des Gesprächs kaum anschaut, dann klären Sie für sich zunächst die folgende Frage: Kann oder will er mir nicht in die Augen schauen?

1. Sollten Sie den Eindruck gewinnen, daß Ihr Gegenüber Sie aus Gründen der Unsicherheit nicht anschaut, dann belassen Sie es dabei. Selbst eine Bitte um Blickkontakt wird nicht viel an dem flüchtenden Blick Ihres Kommunikationspartners ändern können. Bedenken Sie: Nicht Sie, sondern Ihr Gesprächspartner hat in diesem Fall ein Problem – nämlich seine Unsicherheit. Lassen Sie sich dadurch nicht verwirren. Im Gegenteil: Wollen Sie ihm die Angst oder Unsicherheit im Kontakt mit Ihnen nehmen, dann geben Sie Ihrem Gegenüber Sicherheit, indem Sie ihm Blickkontakt schenken.
2. Sollten Sie allerdings das Gefühl haben, Ihr Gesprächspartner praktiziert visuelle Ignoranz, dann sprechen Sie ihn mit einer Ich-Botschaft an: »Wenn wir uns unterhalten, brauche ich Blickkontakt.« (Statt: »Du hörst mir nicht zu!«). Sie werden allerdings damit rechnen müssen, daß die angesprochene Person Ihnen entgegnen wird: »Aber ich höre dir doch zu; ich kann alles wiederholen, was du gesagt hast.« Lassen Sie sich nicht aus dem Konzept bringen, sondern antworten Sie: »Das weiß ich. Aber ich kann dir nichts erzählen, wenn ich keinen Blickkontakt habe. Ich brauche Blickkontakt.«
3. Abschweifende Blicke während eines Gesprächs können auch ein Zeichen dafür sein, daß sich Ihr Gegenüber bereits innerlich von Ihnen bzw. Ihrem Thema abgewendet hat. Vollziehen Sie einen Themenwechsel, oder beenden Sie möglichst bald das Gespräch. Denn Ihr Gegenüber ist zwar so höflich, sich nicht einfach abzuwenden, aber er ist geistig längst abwesend. Denn wie heißt eine Grundregel bezüglich unseres Blickverhaltens: Unsere Blicke folgen unseren Gedanken und Gefühlen. Der abschweifende Blick verrät abschweifende Gedanken.

Den richtigen Abstand wahren

Wenn wir die räumliche Kommunikation unter partnerschaftlichen Aspekten betrachten wollen, müssen wir uns einen Leitsatz vergegenwärtigen: Wir neigen dazu, unsere räumliche Entfernung innerhalb der Kommunikation analog zur emotionalen Nähe zu gestalten, die wir zu der betreffenden Person empfinden. Anders ausgedrückt:

Mit Menschen, zu denen wir uns hingezogen fühlen und die wir »gut riechen« können, kommunizieren wir näher als mit Menschen, die »uns stinken«.

So kommt es, daß wir in der Regel kein Problem damit haben, wenn unser Partner oder unsere Partnerin nahe an uns heranrückt. Wir sagen ausdrücklich »in der Regel«: Denn wenn wir Streit miteinander haben, empfinden wir eine große emotionale Distanz zu dem Partner oder der Partnerin und können es demnach auch nicht leiden, wenn er oder sie uns während des Konflikts auf die Pelle rückt. Wir gehen emotional wie räumlich auf Distanz.

Die gleiche Empfindung von Enge überkommt uns auch, wenn eine fremde Person in einer kommunikativen Situation so an uns heranrückt, wie wir es nur guten Freunden zugestehen. Denn zu Fremden fehlt uns meist das gute Gefühl – wir brauchen Distanz. Erst Vertrautheit schafft Nähe.

Vertrauen Sie bei der Wahl des angemessenen Abstands einerseits auf Ihr Gefühl, aber seien Sie andererseits sensibel für die körpersprachlichen Signale Ihres Gegenübers. Kommen Sie einer Person für deren Gefühl zu nahe, dann werden Sie feststellen können, daß sie Ihnen das körpersprachlich auch mitteilt. Sie müssen die entsprechenden Siganle nur lesen. Ihr Gegenüber sendet nämlich Körperbotschaften des partiellen Rückzugs oder der Barrikadenbildung aus: Zurücklehnen des Oberkörpers, ein kleiner Schritt nach hinten, das Verschränken der Arme vor dem ungeschützten Oberkörper oder das Abdrehen des Oberkröpers und das Zeigen der »kalten Schulter«.

Beachten Sie auch andere Gegebenheiten:

- Die Gestaltung des räumlichen Abstands gemäß dem emotionalen Näheempfinden zu einer Person gilt nur für den Fall, daß wir nicht durch äußere Einflüsse beengt sind. In einem Fußballstadion, Fahrstuhl oder Rock-Konzert akzeptieren wir sogar Berührungen durch fremde Personen.
- Das gleiche gilt für einen hohen Lautstärkepegel während eines Gesprächs: Wir rücken auch an fremde Personen näher heran, um einander überhaupt verstehen zu können.
- Ein räumliches Verhalten, das in unserer Gesellschaft als angemessen und respektvoll gilt, kann beispielsweise in arabischen oder asiatischen Ländern zu erheblichen Irritationen oder gar Verletzungen führen. Die Menschen dort haben andere Empfindungen für Distanzen: Was wir als aufdringlich empfinden, kann in anderen Kulturen als Zeichen von Vertrautheit gelten, und was wir als respektvollen Umgang bezeichnen, kann in anderen Kulturen als Ausdruck großer Distanziertheit interpretiert werden. Andere Länder – andere Abstände! Das Empfinden für Distanzzonen ist angelernt. Kulturelle Standards beeinflussen unser Gefühl für Abstände.

- Darüber hinaus können persönliche Erfahrungen die Entfernungen innerhalb der Kommunikation beeinflussen. Vereinfacht ausgedrückt: Frühere Opfererfahrungen wie massive psychische oder physische Grenzverletzungen (z. B. Prügelstrafe, Mißbrauch) können die Distanzen stark verändern: Manche betroffenen Personen suchen große Nähe, andere große Abstände zu ihren jeweiligen Kommunikationspartnern.

Sollten Sie eines oder mehrere Körpersignale des Rückzugs bei Ihrem Gegenüber feststellen, überprüfen Sie sich selbst: Vergrößern Sie den räumlichen Abstand und beobachten Sie, ob er sich alleine dadurch schon entspannt. Es kann aber auch sein, daß Sie ihrem Gegenüber nicht etwa räumlich zu sehr auf die Pelle gerückt sind, sondern eine Ihrer verbalen Äußerungen ihm »nahe gegangen« ist. Der Körper kann nämlich nicht unterscheiden zwischen einer räumlichen oder psychischen Bedrängnis. In beiden Fällen entwickelt er nahezu identische Schutzreaktionen.

Auch bei einer verbalen Grenzverletzung schützen wir uns vor dem »Tiefschlag«, indem wir körperliche Distanzierungen vornehmen oder körpersprachliche Barrikaden errichten.

Noch eine goldene Regel sollten Sie beachten, wollen Sie Grenzverletzungen vermeiden: Treten Sie an eine fremde Person bei der ersten Kontaktaufnahme nach Möglichkeit nicht näher als ca. 90 cm heran. Solange Sie zu einer fremden Person diesen Abstand wahren, befindet sie sich außerhalb Ihrer Armreichweite und fühlt sich sicher.

Generell gilt: Respektieren Sie die Territorien Ihrer Mitmenschen. Denn gerade in formal abgesegneten Hierarchien gibt es

Formen invasiven Verhaltens, die unbeabsichtigt geschehen und auf den ersten Blick harmlos erscheinen, aber dennoch ein hohes Verletzungspotenzial aufweisen können:

- Der Chef tritt an den Schreibtisch seines Angestellten heran, nimmt das dort aufgestellte Bild in die Hand und sagt: »Hübsche Frau haben Sie.«
- Der Vorgesetzte betritt das Büro seines Mitarbeiters, ohne anzuklopfen.
- Die Lehrerin beugt sich über den Rücken des schreibenden Schülers und liest in dessen Heft.
- Die Mutter schaut ungefragt in den Schulranzen ihres Kindes.

Hinter jeder dieser alltäglichen Handlungen verbergen sich Machtsignale. Deren Verletzungspotential wird erst dadurch deutlich, daß wir sie gedanklich umkehren: Was passiert, wenn nicht der Chef das Bild seines Angestellten vom Schreibtisch nimmt, sondern dieser zum Bild des Chefs greift und dessen Frau bewertend kommentiert? Was geschieht, wenn der Mitarbeiter ohne Termin und Anklopfen in das Büro seines Chefs eindringt? Welche Sanktion ergreift die Lehrerin, wenn ein Schüler von seinem Platz aufsteht und in ihrem Klassenbuch blättert? Wie reagiert die Mutter auf das Kind, das in ihrem Tagebuch stöbert? Jede dieser Verhaltensweisen der Unterlegenen würde sofortige Sanktionen seitens der Vorgesetzten nach sich ziehen, weil Hierarchien in Frage gestellt würden.

Die Tatsache, daß wir körpersprachliche Invasionen von Vorgesetzten als normal und schon fast als legitim empfinden, sollte nicht darüber hinwegtäuschen, daß es sich um Machtsignale und Übergriffe handelt, deren heimliche Botschaft lautet: »An meiner Invasion erkennst du meine Macht. Ich kann jederzeit in dein Territorium eindringen, ohne daß du die Macht oder

Fähigkeit hättest, dich dagegen zu wehren. Du hast die Übergriffe widerstandsfrei zu erdulden und dadurch die Hierarchie anzuerkennen.«

Daher sollten Sie beachten:

Wollen Sie als Vorgesetzter, Lehrer oder Elternteil wertschätzend mit Ihrem »untergebenen« Kommunikationspartner umgehen, verzichten Sie auf scheinbar legitimierte invasive Handlungen.

Klopfen Sie an, und warten Sie auf das »Herein« – auch wenn Ihr Gegenüber nachrangiger Mitarbeiter oder Ihr Kind ist. Bitten Sie Ihren Mitarbeiter, Ihr Kind oder Ihre Schülerin um die Erlaubnis, sich in deren Raum aufhalten oder setzen zu dürfen. Selbst wenn Sie sogar die Miete und die Unterhaltskosten des betreffenden Raumes bezahlen – der Verzicht auf eine »legitime« Invasion signalisiert Wertschätzung.

»Bleib mir von der Pelle!«

Doch wie können wir uns verhalten, wenn uns in einem Gespräch unser Kommunikationspartner immer näher »auf die Pelle rückt«? Gibt es keine körpersprachlichen Signale, mit denen wir Menschen durch die Blume mitteilen können, daß Sie uns zu nahe kommen? Wir müssen Sie enttäuschen, denn die gibt es kaum. Natürlich können Sie mit Ihrem Oberkörper zurückweichen oder einen kleinen Schritt nach hinten tun. Doch Sie werden die Erfahrung machen: Was immer Sie auch unternehmen – Ihre Kommunikationspartner rücken Zentimeter um Zentimeter nach. Ihre abwehrenden oder zurückweichenden Körpersignale werden von diesen Personen gar nicht registriert.

Körpersprachliche Signale der Bedrängnis und des Rückzugs werden in der Regel übersehen und ignoriert.

Damit wollen wir jedoch nicht zum Ausdruck bringen, daß Sie den heranrückenden Personen schutzlos ausgeliefert sind. Wir können Ihnen für diese Situationen folgende Tips geben:

- Vergegenwärtigen Sie sich zunächst, daß Ihr Gegenüber in der Regel nicht böswillig handelt. Im Gegenteil: Er hat ein anderes Gefühl für Entfernung als Sie. Vielleicht mag er Sie so sehr, daß er als Ausdruck seiner Verbundenheit auch räumlich näher an Sie heranrückt.
- Statt zurückzuweichen, errichten Sie doch einfach »Barrikaden«: Verschränken Sie die Arme vor dem Oberkorper, positionieren Sie sich so, daß Sie beispielsweise ein Möbelstück zwischen sich und Ihrem Gegenüber haben, oder nehmen Sie einen kleinen Gegenstand in beide Hände. Sie werden spüren, daß durch diese Barrikaden die Nähe Ihres Kommunikationspartners erträglicher wird.
- Reagieren Sie mit »kleinen Stoppern«: Ziehen Sie Ihren Oberkörper zurück und drehen Sie sich leicht seitlich zu Ihrem Gegenüber. Zeigen Sie ihm die »kalte Schulter«, und stellen Sie ergänzend das Bein auf seiner Seite weit aus. Damit errichten Sie eine zusätzliche Barriere und halten Ihren Kommunikationspartner auf Distanz.

Wenn auch diese Hilfestellungen nicht ausreichen, die kommunikative Situation für Sie erträglich zu gestalten, dann können Sie Ihr Gegenüber immer noch mit einer Ich-Botschaft bitten: »Pardon, ich habe eine Bitte: Ich brauche etwas mehr Abstand.« Mit dieser Ansprache laufen Sie natürlich Gefahr, Ihren Kommunikationspartner zu beschämen, und genau das wollten Sie eigentlich mit Hilfe einer »unverfänglichen« Körpersprache vermeiden. Aber manchmal hilft eben einzig Offenheit.

Doch was ist, wenn Sie in einem Konflikt sogar sehr bewußt in die Enge getrieben werden? Ihr Gesprächspartner kommt Ihnen mit seiner aggressiven Gestik und seinem Oberkörper gefährlich nahe. Sie fühlen sich »auf den Schlips« oder auch »auf die Füße« getreten. Ihre Schutzzonen sind verletzt. Zu allem Übel ist Ihr Gegner Ihnen haushoch überlegen – es ist nämlich Ihr Chef, der Sie gerade wegen angeblicher Versäumnisse abmahnt. Da Ihnen dessen ungerechte Vorwürfe »unter die Haut« gehen, verspüren Sie Lust, ihm ordentlich die Meinung zu sagen oder einfach zu gehen und die Bürotür laut hinter sich zuzuknallen ...

Sie werden in derartigen Situationen feststellen, daß »kleine Stopper« oder »Barrikadenbau« nicht ausreichen, um sich vor den Übergriffen Ihres Kontrahenten zu schützen. Sie haben die Wahl: Lassen Sie die Standpauke über sich ergehen, oder sprechen Sie ihn mit einer Ich-Botschaft an: »Entschuldigung: Über die Inhalte können wir gerne reden. Aber ich brauche mehr Abstand. Bitte respektieren Sie mein Territorium!«

Auch gegen das ungefragte Eindringen in unsere Räume oder gegen unliebsame Berührungen hilft in der Regel nur die offene Ansprache: »Ich habe eine Bitte: Ich erschrecke mich jedes Mal, wenn jemand plötzlich mein Zimmer betritt. Könnten Sie bitte anklopfen?« Oder: »Sorry, aber ich bin sehr empfindlich, was Berührungen betrifft.«

Eine besondere Form invasiven Verhaltens ist – wie bereits

mehrfach erwähnt – das Eindringen in den Rederaum des Gesprächspartners. Sollten Sie also wieder einmal in die Situation kommen, daß Ihr Gegenüber Sie mehrfach unterbricht, dann reagieren Sie auch hier mit einer Ich-Botschaft: »Pardon, aber ich möchte bitte ausreden und meine Gedanken in Ruhe zu Ende formulieren.«

Eine weitere Spezialform invasiver Verhaltensweisen stellt der bohrende Blick eines (männlichen) Mitmenschen dar:

Blicke sind Berührungen auf Distanz – es ist also so, als würden Sie von einer starrenden Person unangenehm berührt.

Stellen Sie sich vor, Sie sitzen in einer U-Bahn und werden von einem wildfremden Mann angestarrt. Wie können Sie in diesem Fall reagieren?

1. Sind Sie ein Mann und wollen Sie einen Konflikt mit der starrenden Person vermeiden, dann empfehlen wir Ihnen: Wenden Sie Ihren Blick möglichst schnell und unaufgeregt zur Seite ab. Nach dem seitlichen Blickabwenden achten Sie darauf, daß Sie Ihr starrendes Gegenüber eine Zeitlang bestenfalls aus den Augenwinkeln beobachten. Widerstehen Sie der Versuchung, erneut Blickkontakt aufzunehmen. So umgehen Sie die Gefahr, in einen Konflikt hineinzugeraten. Die frühzeitige Auflösung von Blickkontakten zwischen Männern beugt Konflikten vor. Wenn Ihnen der Satz »Was guckst du so blöd?!« doch einmal entgegenschallen sollte, entgegnen Sie: »Pardon, ich war in Gedanken. Tut mir leid.« Wenden Sie Ihren Blick seitlich ab und schauen Sie anschließend nicht zu Boden, denn sonst könnte Ihnen Ihr Blick als Unterlegenheit und Unterwerfung ausgelegt werden. Sie laufen Gefahr, sich als Opfer darzustellen.

2. Sind Sie eine Frau, dann kann es sein, daß Ihr Abwenden des Blicks von dem starrenden Mann mißverstanden wird: »Die guckt verschämt zur Seite, weil Sie sich noch ziert.« Um diese Interpretation Ihres Blickabwendens zu unterlaufen, sollten Sie in jedem Fall jeden weiteren Kontrollblick in Richtung der starrenden Person vermeiden. Ihr Gegenüber könnte sonst denken: »Die guckt ja immer wieder zu mir hin. Eigentlich will die doch was von mir. Ist halt schüchtern.« Sie können alternativ zu dem Blickabwenden auch folgende Variante versuchen: Schauen Sie dem starrenden Mann mit einem bösen Blick (das heißt mit heruntergezogenen Augenbrauen) für einige Sekunden genau zwischen dessen Augen – also auf die Nasenwurzel. Sie können durch den Nasenwurzeltrick ohne Spannung den Blick stundenlang halten. Ihr Gegenüber wird mit großer Wahrscheinlichkeit schnell wegschauen. Wenn nicht, können Sie immer noch nachschieben: »Ist was?« Wenn Sie diese beiden Worte mit genügender Aggressivität sagen, wird auch der letzte unsensible Macho kapieren, daß er bei Ihnen nicht landen kann.

Wo Körperbotschaften nicht eindeutig genug sind oder gar mißverstanden werden können, helfen nur klärende Worte der Abgrenzung.

Mit offenem Visier

Im Kapitel »Echt cool, ey!« haben wir gezeigt, daß Undurchschaubarkeit und Coolness dazu dienen können, Emotionen zu verbergen und dem jeweiligen Kommunikationspartner keinerlei Einblick in die eigene Gefühlswelt zu gewähren. Undurchschaubarkeit, Versteinerung und Coolness sind körpersprachliche Machtsignale. Denn wer seine Gefühle vor anderen versteckt und über das Lesen der Körpersignale seines Gegenübers gleichzeitig einen Einblick in dessen Gefühlslage bekommt, der häuft einseitig Wissen an. Und Wissen ist Macht.

Wissenschaftler haben Tests durchgeführt, um den Einfluß von Transparenz und Verschlossenheit auf kommunikative Situationen zu erforschen: Probanden wurden gebeten, sich paarweise miteinander zu unterhalten, wobei sie durch eine einseitig verspiegelte Glasscheibe voneinander getrennt waren. Während deshalb die eine Person ihren Gesprächspartner durch die Scheibe während der Unterhaltung genau beobachten konnte, schaute die andere Testperson in einen Spiegel und sah nur sich selbst. Das Ergebnis der Tests: Durchgehend äußerten die »gespiegelten« Personen, sie hätten sich in dem Gespräch unsicher und klein gefühlt. Die »sehenden« Personen gaben dagegen an, keine Probleme mit ihren Gesprächspartnern gehabt zu haben – sie fühlten sich sicher und dominant.

Die Analyse ihrer verbalen und nonverbalen Botschaften ergab: Die sich sicher fühlenden Personen sprachen in klaren Sätzen und wiesen körpersprachlich einen höheren Status auf. Sie führten in der Regel das Gespräch, während der Redefluß der unsicheren Personen stockte und sie nonverbale Anzeichen von Tiefstatus zeigten.

Wir alle kennen aus unserem Alltag Entsprechungen zu diesen Tests: Es ist den meisten von uns unmöglich, mit einem Freund über bewegende Dinge zu sprechen, wenn dieser keinen Blickkontakt mit uns unterhält oder eine Sonnenbrille trägt und wir seine Augen nicht sehen können. Der fehlende Einblick verunsichert. Eine Selbstoffenbarung fällt angesichts seiner Undurchschaubarkeit schwer. Denn wie sollen wir über bewegende Dinge mit einer Person sprechen, die sich körpersprachlich unbewegt zeigt?

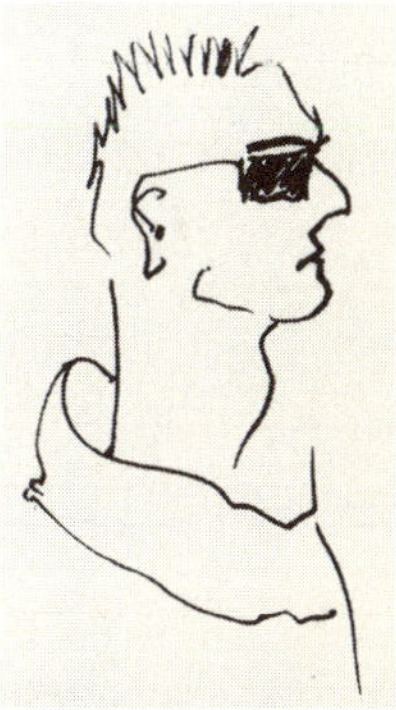

Wer seine Emotionen vor anderen zu verbergen weiß und gleichzeitig über die Körpersprache des Gegenübers einen indirekten Einblick in dessen Gefühlswelt erhält, signalisiert nicht nur Dominanz und erhöht den eigenen Status, sondern verunsichert das Gegenüber und senkt dessen Status.

Undurchschaubarkeit destabilisiert den Gesprächspartner.

Es gibt eine weitere interessante wissenschaftliche Untersuchung über den Zusammenhang zwischen körpersprachlicher Transparenz und Sympathie: Menschen mit einer ausgeprägten, unmißverständlichen und offenen Körpersprache werden von ihren Mitmenschen als sympathischer eingestuft als Personen mit reduzierter und verschlossener Körpersprache. Wer die eigenen Emotionen – seien das nun Wut, Trauer, Angst, Freude oder Ekel – offen kommuniziert, der kommt in der Regel bei seinen Mitmenschen gut an. Offene Menschen melden über ihre Körpersprache dem Gesprächspartner ehrlich zurück, was sie von dessen Gedanken und Gefühlen halten und wie sie zu seinen Bedürfnissen und Wünschen stehen. Sie geben dem Kommunikationspartner durch ihr nonverbales Verhalten Sicherheit – sie geben Wissen von sich preis. Der Kommunikationspartner gibt die erfahrene Sicherheit und Partnerschaftlichkeit an die offene Person zurück: Sie wird als sympathisch eingestuft und ebenso offen behandelt.

Menschen mit einer undurchschaubaren und verschlossenen Körpersprache dagegen verweigern ihren Kommunikationspartnern den Einblick in die eigenen Gedanken und Gefühle. Verschlossene Menschen flößen oft Angst und Respekt ein und verunsichern ihre Kommunikationspartner. Wer undurchschaubar ist, wirkt vielleicht dominant – wird von seinen Mitmenschen aber nicht unbedingt als sympathisch eingestuft.

Daher gilt:

Körpersprachliche Offenheit ist Sympathie-weckend und »öffnet Türen«. Verschlossenheit dagegen wirkt verunsichernd und trägt zur Distanzierung und Hierarchisierung einer Beziehung bei.

Wollen Sie also eine partnerschaftliche Beziehung zu Ihren Mitmenschen pflegen, seien das nun Freunde, Bekannte, Mitarbeiter oder Kinder und Jugendliche, dann verzichten Sie auf jede Form von Versteinerung, Verschlossenheit oder gar Coolness. Teilen Sie Ihren Kommunikationspartnern verbal wie nonverbal mit, was in Ihnen vorgeht. Das Wort »Emotion« kommt übrigens aus dem Lateinischen und heißt »Herausbewegung«. Befördern Sie Ihre Gedanken und Gefühle über Ihre Körpersprache heraus.

Bedenken Sie: Meist sind es gar nicht die großen Gefühlsausbrüche oder die ausladenen Bewegungen und Grimassen, die sympathisch wirken und Offenheit zeigen. Vielmehr sind es ein kleines Nicken, der Anflug eines Lächelns oder die anteilnehmenden mimischen Äußerungen, die unserem Gesprächspartner ein angenehmes Gefühl vermitteln und ihm die Sicherheit geben, von uns respektiert zu werden. Und besonders zum Tragen kommen diese kleinen »emotionalen Schmiermittel der Kommunikation«, wenn unser Gegenüber uns etwas erzählt und wir ihm zuhören. Dann nämlich fragt sich dieser unbewußt und unablässig: »Wie stehst du zu meinen Gedanken? Hörst du mir noch zu? Respektierst du mich? Kann ich weiterreden?«

Sympathie, Respekt und Partnerschaftlichkeit zeigen sich in den kleinen körpersprachlichen Signalen der Anteilnahme während des Zuhörens.

Sie verhindern, daß wir als distanziert, kalt, arrogant und überheblich abgestempelt werden. Denn das Gegenteil von Versteinerung und Coolness ist Emotionalität im Sinne von Zeigen von Gedanken und Gefühlen.

Versteinerung im Konflikt

Eine der wirksamsten und zugleich verletzendsten Waffen in einem konfrontativen Konflikt ist die Versteinerung – eine Art auf die Spitze getriebene Coolness. Frauen beklagen sich in unseren Seminaren darüber, daß besonders Männer häufig auf dieses Machtmittel der Konfliktbewältigung zurückgreifen. Daher werden wir Ihnen anhand eines konkreten Beispiels diese Waffe kurz vorstellen, um anschließend Möglichkeiten zu erörtern, wie Sie sich davor schützen können.

Ein Paar streitet sich über die Haare im Bad. Ein Wort gibt das andere, und der Streit eskaliert. Die Frau besteht auf einer gerechten Aufteilung der Hausarbeiten und beharrt auf einer partnerschaftlichen Beziehung; der Mann soll gefälligst seinen Beitrag dazu leisten. Die Frau hat die besseren Argumente parat, denn der Mann hat zu Beginn der Partnerschaft immer wieder seinen Willen betont, sich die lästigen Hausarbeiten mit seiner Frau gleichberechtigt zu teilen. Da aber Anspruch und Wirklichkeit aktuell weit auseinanderklaffen, gerät der Mann in dem Streit in die Defensive. Die Frau konfrontiert ihn mit seinen einstmals gegebenen Versprechungen.

Mit zunehmendem Konfliktverlauf wird der Mann immer

kälter. Er zieht sich in sein Schneckenhaus zurück, das Gesicht versteinert, und er hüllt sich fortan in vornehmes Schweigen. Das einzige, was er zu seiner Frau noch sagt, ist: »Ich will das jetzt nicht besprechen« und »Ach, mach doch, was du willst!« Die Frau brüllt ihn an: »Was soll das denn heißen?! Ist das alles, was du dazu zu sagen hast?« Der Mann bleibt verschlossen und kontert: »Ja, ich will jetzt nicht!« Alle weiteren Worte der Frau läßt er eiskalt an seiner Mauer der Versteinerung abprallen. Je versteinerter er sich gibt, desto wütender wird seine Frau. Schließlich verläßt der Mann den Raum mit dem Kommentar: »Du mit deiner Emotionalität. Mit dir kann man überhaupt nicht sachlich reden. Du wirst sofort hysterisch!«

Die drohende Niederlage des Mannes angesichts der treffsicheren Argumente seiner Frau ist der typische Ausgangspunkt für die Strategie der Undurchschaubarkeit – er schützt sich hinter den Mauern der Versteinerung. Der Mann zieht sich in seine Festung zurück, die Brücken werden hochgezogen.

Wir sollten zwei Spielarten dieser Strategie der Versteinerung unterscheiden:

- Der Mann handelt sehr bewußt. Er weiß um das Verletzungspotenzial seiner Waffe und setzt sie kalkuliert ein, um angesichts einer drohenden Niederlage in einem Konflikt nicht ins Hintertreffen zu geraten. Die heimliche Botschaft seiner Strategie der Versteinerung lautet: »Ich bin so stark, daß ich meine Emotionen unter Kontrolle habe und nichts nach außen dringen lasse. Ich gewähre dir keinerlei Einblick, während ich in dir lesen kann wie in einem offenen Buch. Durch den verweigerten Einblick bin ich nicht mehr berechenbar für dich. An meinen harten Mauern wirst du zerschellen.«
- Der Rückzug des Mannes in sein Schneckenhaus geschieht unbewußt und aus schierer Hilflosigkeit. Mit seiner Versteinerung will er seine Frau nicht verletzen, sondern sie dient

ausschließlich seinem Selbstschutz. Vielleicht ist ihm das verletzende Ausmaß seiner Versteinerung nicht einmal deutlich.

Ob bewußt eingesetzte Strategie zwecks Destabilisierung des Kontrahenten oder reiner Selbstschutz – hinter der Fassade der Versteinerung verbirgt sich die Angst vor der drohenden Niederlage.

Der Rückgriff auf ein Machtmittel offenbart nicht etwa die Stärke, sondern vielmehr die Schwäche desjenigen, der darauf zurückgreift. Und dennoch: Durch das Mittel der Versteinerung gelingt es dem Mann – ob beabsichtigt oder nicht –, in eine dominante Position zu gelangen. Eigene Ängste werden auf die Konfliktpartnerin übertragen. Er fühlt sich zunehmend sicher hinter seinen Festungsmauern, während die Frau auf »freiem Feld« immer hilfloser wird. Die Versteinerung ist eine sehr wirksame und verletzende Waffe.

Dagegen gibt es – das haben wir schon im Kapitel über die »Coolness« gezeigt – nur ein Mittel:

Angesichts der Waffe der Versteinerung heißt es: Selbstgewiß und souverän auf seinen Forderungen, Wünschen und Bedürfnissen beharren.

Jede Form von Wutäußerung offenbart die eigene Hilflosigkeit und stärkt den versteinerten Kontrahenten. Statt dessen ist gelassene Beharrlichkeit gefragt. Sie müssen die Kunst der Pause und Präsenz beherrschen, wollen Sie das Machtsignal der Versteinerung knacken:

»Ich habe dir eben klar dargelegt, daß ich eine andere Aufteilung der Hausarbeiten will. Ich möchte eine Stellungnahme von dir.«

(Der Mann schweigt. Die Frau schaut ihren Mann während der gesamten Schweigezeit fest an und schweigt ebenfalls. Einige quälend lange Sekunden später antwortet er.)

»Ja wie, was soll ich dazu sagen?«

»Wie wir die Aufteilung verändern. Ich möchte wissen, wie du das siehst.«

»Pfff ...« (Der Mann hüllt sich in erneutes Schweigen.)

»›Pfff‹ reicht mir nicht. Ich möchte eine Lösung.«

(Der Mann schweigt erneut und schaut aus dem Fenster. Die Frau bleibt präsent: Sie wartet auf eine Reaktion ihres Mannes.)

»Ich weiß keine Lösung. Du hast doch das Problem.«

»Stimmt. Und deswegen möchte ich das mit dir besprechen.«

(Der Mann hüllt sich erneut in Schweigen. Die Frau wartet.)

»Herrgott, was soll das. Du weißt genau, daß ich zur Zeit Streß im Beruf habe und abends total kaputt nach Hause komme. Soll ich da etwa noch putzen?«

Wir können uns aus dem Konflikt an dieser Stelle ausblenden. Die Frau kommt ihrem Ziel immer näher: Der Mann gibt seine Strategie allmählich auf und läßt sich auf ein Gespräch ein. Seine Waffe der Versteinerung ist durch die ruhige Beharrlichkeit der Frau stumpf geworden. Den weiteren Konfliktverlauf werden wir unten schildern.

Schauen wir uns statt dessen noch einmal genauer an, wie die Frau ihren Mann dazu bewegt hat, sein Visier hochzunehmen. Das Geheimnis ihrer Vorgehensweise bestand darin, daß sie sehr ruhig gewartet hat, während der Mann sein cooles Schweigen inszeniert hat. Die Frau hat sich ihrem Mann vollständig zugewendet und in seine Augen geschaut, während er mit seinen Blicken desinteressiert aus dem Fenster geblickt hat (= visuelle Ignoranz). Durch ihr geduldiges Warten und ihre Präsenz hat sie ihrem Mann die heimliche Botschaft gesendet: »Ich lasse mich durch deine Coolness nicht aus dem Konzept bringen. Ich bleibe dran – bis du dich öffnest. Du kannst dich diesem Konflikt nicht durch Schweigen entziehen. Und an meiner Ruhe erkennst du, daß ich mich durch dein Machtmittel auch nicht verunsichern lasse. Ich halte meinen Standpunkt.«

Was, wenn der Mann einfach gegangen wäre und sich dem Konflikt durch seinen Abgang entzogen hätte? Dann hätte die Frau bei der nächsten Gelegenheit mit der gleichen Art und Weise den Konflikt erneut aufgreifen müssen. Langfristig kann sich durch Flucht niemand einer präsenten Beharrlichkeit entziehen – weder ein Partner, noch ein Freund oder Arbeitskollege. Irgendwann wird aus der Versteinerung ein Konfliktgespräch.

Abschied von der Schlagfertigkeit

Im Kapitel »Vier Fäuste für ein Halleluja« haben wir anhand des Streits zwischen Hassan und Kevin gezeigt, welche bedeutende Rolle nonverbale Signale in Konflikten spielen können. In dem Kapitel »Die Haare im Waschbecken« haben wir dargestellt, daß sich keineswegs nur männliche Jugendliche einer drohenden und verletzenden Körpersprache bedienen, um eigene Interessen gegen die Konkurrenten durchzusetzen. Auch wir »zivilisierten« Erwachsenen – ob Mann oder Frau – agieren bisweilen mit lauter Stimme, drohenden Haltungen, aggressiven Mimiken, spöttischem Lächeln, geballten Fäusten, wegwerfenden Handbewegungen oder verächtlichen Blicken, wenn es gilt, den jeweiligen Kontrahenten in die Defensive zu treiben. Mit der Verwendung eines angsteinflößenden Machtsignals verlassen wir – das haben wir weiter oben bereits gezeigt – die Ebene der konstruktiven Konfliktbewältigung. Wir verhalten uns destruktiv.

Was also, wenn Ihr Kontrahent in einem Konflikt diese nonverbalen Waffen des Drohens und Verletzens aus seiner Waffenkammer holt und Sie mit seiner lauten Stimme, seiner Aggressivität, seiner Größe und seiner verächtlichen Art in die Enge treibt? Welche Möglichkeiten haben Sie, sich dieser Strategie der Verängstigung zu erwehren?

Der naheliegenste Reflex, auf verbale wie nonverable Tiefschläge des Gegenübers zu reagieren, ist, mit gleicher Münze zurückzuzahlen: Wird unser Gegenüber ausfallend und beleidigend, werden wir es auch; wird er lauter, heben auch wir unsere Stimme; dackelt sich unser Kontrahent auf, rüsten wir nach, indem auch wir uns ins Zeug werfen. Das Problem dieser Art der Schlagfertigkeit liegt aber darin, daß eine Eskalation des Konflikts vorprogrammiert ist. Ähnlich wie Hassan und Kevin in der Disko reagieren auch wir auf die jeweilige Aufrüstung des Kontrahenten mit einer Nachrüstung – ein Kreislauf der Vergeltung der Vergeltung der Vergeltung. Und natürlich rechtfertigen wir unsere angreifende Verteidigung damit, daß der andere schließlich angefangen habe: »Ich habe das nur gemacht, weil du …« Immer wieder spüren wir, wie uneffektiv diese Art der Konfliktbearbeitung ist.

Wie also aussteigen aus diesem Teufelskreis der Eskalation? Wie können wir auf die verbalen und nonverbalen Spitzen unseres Kontrahenten reagieren, ohne in das gleiche Muster zu verfallen? Wie können wir in einem Konflikt konstruktiv vorgehen, ohne unsere Interessen aus den Augen zu verlieren? Wir bieten drei Schritte an:

1. Die Waffen durchschauen

Wenn der Kontrahent uns mit seinem bedrohlichen Auftreten, seiner lauten Stimme und seinem Unterschreiten von Distanzen attackiert, dann schlägt unser Körper Alarm: Er antwortet mit erhöhtem Puls, flacher Atmung, Anspannung der Muskulatur,

Ausstoß von Kampfhormonen und anderen physiologischen Reaktionen. Wir spüren diese Körperreaktionen als diffuse Angst, nehmen sie jedoch kaum bewußt wahr.

Angst destabilisiert. Wer Angst hat, kann keine klaren Gedanken fassen und neigt zu Kurzschlußreaktionen.

Diese Destabilität nutzt unser Kontrahent aus, indem er uns seine Interessen aufzwingt. Es gibt ein Sprichwort, das diesen Zustand treffend zusammenfaßt: »Angst macht gefügig!«

Um aus diesem Kreislauf auszusteigen, ist es notwendig, die nonverbalen Waffen unseres Kontrahenten stumpf werden zu lassen. Sie dürfen uns nicht verletzen und destabilisieren. Wir müssen uns gegen unsere Ängste immunisieren, wollen wir in einem Konflikt einen klaren Standpunkt vertreten. Das bedeutet: Wenn die Waffen des Gegenübers auf einer unbewußten Ebene funktionieren, dann müssen wir sie uns während des Konflikts bewußt machen.

Wer während eines Streits die nonverbalen Signale des Drohens und Verletzens des Kontrahenten durchschaut, reduziert seine Angst und bringt sich aus der Schußlinie.

Diese innere Vergegenwärtigung während eines Konflikts könnte so aussehen, daß Sie sich selbst Sätze sagen wie: »Jetzt wird er wieder laut. Gleich wird er mich beleidigen. Und bestimmt wird er wieder mit der Faust auf den Tisch donnern, um mir Angst einzujagen ...« Mit jedem dieser Sätze sichern Sie sich ein Stück Handlungsspielraum. Sie hängen nicht mehr mit Haut und Haar in dem Konflikt drin. Die simultane Analyse der Vorgehensweise Ihres Kontrahenten schafft emotionale Distanz. Sie können über den Weg der Bewußtmachung der körpersprachlichen Waffen lernen, diese zu entschärfen.

Bestimmt kennen Sie auch Entsprechungen zu dieser Vorgehensweise auf der verbalen Ebene des Konflikts: Wenn Sie wissen, daß Ihr Partner dazu tendiert, in einem Konflikt beleidigend zu werden, können Sie lernen, diese Beleidigungen unschädlich zu machen, indem Sie sie einfach überhören: »Ach, jetzt wird er wieder ausfallend. Bloß nicht darauf reinfallen und auf die gleiche Ebene gehen. Einfach überhören, dann hört er bald auf.«

2. Den Kontrahenten durchschauen

Der wichtigste Schritt der Erkenntnis ist aber nicht das Enttarnen der Waffen, sondern das Enttarnen des Gegenübers: Dieser verwendet nonverbale Waffen, die seine körperliche Kraft und Stärke unter Beweis stellen und uns Angst machen sollen. Doch schauen wir hinter dessen Fassade von aufgeblasener Stärke, entdecken wir das Gegenteil – Angst und Hilflosigkeit. Hinter der inszenierten äußeren Stärke unseres Kontrahenten steckt innere Schwäche. Bringen wir es auf eine ganz einfache Formel: Je größer er sich macht, desto kleiner fühlt sich unser Gegenüber.

Hinter der Strategie der Verängstigung stecken Ängste des Gegenübers, die dieser auf uns übertragen möchte.

Ein Chef, der uns anraunzt, sieht vielleicht seine Führungsposition in Frage gestellt. Oder er steht selbst mit dem Rücken zur Wand. Der Partner, der verletzend wird, ist durch irgend etwas verletzt worden. Der Jugendliche, der uns anbrüllt, sieht seine Felle davonschwimmen.

Wenn es uns also gelingt, während eines Konflkts nicht nur

die körpersprachlichen Waffen des Gegenübers und deren Wirkung zu enttarnen, sondern zusätzlich auch noch die Hilflosigkeit und die Schwäche hinter der inszenierten Stärke zu durchschauen, dann sind wir schon ein ganzes Stück weiter auf dem Weg hin zu Gelassenheit und Handlungssicherheit, die in derartigen Konflikten notwendig sind.

3. Seinen eigenen Standpunkt vertreten

Durchschauen und enttarnen ist schön und gut. Aber was können wir tun, um unsere Interessen in einem Streit zu vertreten? Es geht ja nicht nur um das bloße Überstehen von Konflikten, sondern um das Erfüllen eigener Wünsche und Bedürfnisse. Körpersprachlich ist die Sache klar: Das beste Mittel in derartigen Situationen ist es, ruhig und gelassen zu bleiben und der Versuchung zu widerstehen, unsererseits auf die nonverbalen Mittel des Drohens und Verletzens zurückzugreifen. Aber Gelassenheit ist mehr, als Körpersignale der Ruhe an den Tag zu legen. Gelassenheit ist eine innere Haltung der Sicherheit und Selbstgewißheit.

Der Schlüssel zur Gelassenheit liegt darin, die eigenen Konfliktbedürfnisse und Wünsche zu kennen – und diese während des Streits auch nicht aus den Augen zu verlieren.

Das bedeutet: Lassen Sie sich nicht auf Nebenschauplätze des Kampfes führen, sondern vertreten Sie beharrlich Ihre Interessen. Erläutern wir dieses Prinzip anhand des Konflikts, den wir oben skizziert haben: Die Frau möchte – gemäß der ursprünglichen Absprache mit ihrem Mann – eine gleichberechtigte Aufteilung der Arbeiten im gemeinsamen Haushalt. Der Mann hat zunächst sehr cool und schweigsamn reagiert, doch die Frau hat ihn durch ihre gelassene Beharrlichkeit aus der Reserve gelockt und zum Reden gebracht. Stellen Sie sich bei dem folgenden Wortwechsel vor, daß der Mann sehr aggressiv und bedrohlich auftritt:

»Wir hatten eine klare Vereinbarung, daß wir uns die Aufgaben gleichberechtigt aufteilen. Ich habe fast keine Freizeit mehr und komme überhaupt nicht mehr raus. Ich will wieder am normalen Leben teilnehmen. Deshalb möchte ich, daß du mehr Dinge im Haushalt und mit den Kindern übernimmst. Welche das sind, darüber können wir uns abstimmen.«

»Ach, das ist ja gnädig, daß ich da eine Mitsprache habe.« (Er antwortet mit zynischem Unterton.)

»Du hattest dem früher zugestimmt. Aber im Moment erledige ich fast 90 Prozent des Haushalts und kümmere mich um die Kinder. Zusätzlich habe ich auch noch einen Beruf – genau wie du. Ich möchte eine andere Aufteilung. Ich brauche Entlastung!«

»Immer dann, wenn es bei mir im Job eng wird, setzt du noch einen obendrauf. Das ist typisch!« (Er wird aggressiv und laut).

»Ich habe auch einen Beruf mit voller Stundenzahl – und zusätzlich den Haushalt. Deshalb möchte ich, daß du mich entlastest.«

»Das kann man doch gar nicht vergleichen. Du weißt, was ich für eine Verantwortung habe, verdammt noch mal (haut mit der Faust auf die Tischplatte). Gerade jetzt, wo die komplette Abteilung umstrukturiert wird. Aber das interessiert dich gar nicht.«

»Das sehe ich schon. Aber daß ich fast den gesamten Haushalt alleine mache, ist ja nicht erst seit der Umstrukturierung in deiner –«

»Was soll denn das jetzt? Wer hat denn neulich erst den Keller aufgeräumt? Aber das zählt ja nicht.« (Drohender Blick.)

»Natürlich zählt das. Mit geht es aber um die täglichen

Arbeiten; da möchte ich eine verbindliche Absprache. Wenn du im Moment –«

»Du weißt ganz genau, wann ich abends nach Hause komme.« (Er unterbricht seine Frau zum zweiten Mal.)

»Ich möchte bitte ausreden. Wenn du im Moment wegen der Umstrukturierung überlastet bist, dann laß uns einen verbindlichen Termin vereinbaren, wann wir die Aufteilung beginnen. Vereinbaren möchte ich sie aber jetzt schon. Ich bin nicht bereit, das auf die lange Bank zu schieben. Ich halte diese Doppelbelastung nicht mehr aus.«

Blenden wir uns aus dem »Gespräch« aus: Die Frau ist während des gesamten Konflikts ruhig geblieben. Die Angriffe ihres Mannes hat sie – bis auf die Unterbrechungen – ignoriert. Beharrlich hat sie ihr Bedürfnis nach mehr Freizeit und ihren Wunsch nach einer gleichberechtigten Aufteilung verfolgt. Sie hat sich von dem drohenden und verletzenden Auftreten ihres Mannes weder Angst einjagen noch sich aus dem Konzept bringen lassen.

Für ein gelassenes und selbstbewußtes Auftreten in Konflikten angesichts eines aggressiven Kontrahenten ist es wichtig, daß wir uns unserer Bedürfnisse (hier: mehr Freizeit) und unserer Wünsche (hier: Entlastung durch gerechte Aufteilung) sehr bewußt sind.

Nur wer innerlich fest ist und die eigenen Bedürfnisse und Wünsche für legitim und wichtig erachtet, kann in einem Streit auch äußerlich fest auftreten.

Nur wer sich seiner Interessen sicher ist, kann diese auch sicher vertreten, ohne sich von dem aggressiven Auftreten des Konfliktpartners verunsichern zu lassen. Machen Sie sich daher möglichst vor einem Konfliktgespräch bewußt, was Ihre Bedürfnisse und Wünsche sind. Erachten Sie sie für wichtig und legitim, und verfolgen Sie sie mit Selbstgewißheit und Gelassenheit. Gelassenheit heißt immer auch, den anderen wütend und aggressiv sein zu lassen, ohne dadurch aus dem Gleichgewicht zu geraten. Der kommunikative Status von Gelassenheit ist höher als der von Aggression. Hinter der Inszenierung von Stärke steckt Schwäche – die Grundlage von Gelassenheit ist Stärke. Gelassenheit siegt.

Fassen wir die drei wichtigsten Schritte der Entgegnung auf Angriffe noch einmal zusammen:

1. **Die Waffen durchschauen:** Machen Sie sich während eines Konflikts bewußt, mit welchen (körpersprachlichen) Waffen Ihr Kontrahent Sie verängstigen will. Nehmen Sie diesen Waffen durch Bewußtheit ihre Schärfe und angsteinflößende Wirkung.
2. **Den Kontrahenten durchschauen:** Vergegenwärtigen Sie sich, daß die Basis seiner inszenierten Stärke eigentlich Ängste, Schwächen und Hilflosigkeiten sind. Ihr Kontrahent ist weder groß noch stark, sondern klein.
3. **Seinen eigenen Standpunkt vertreten:** Werden Sie sich Ihrer eigenen Bedürfnisse und Wünsche in dem Konflikt gewiß. Bleiben Sie gelassen, indem Sie sie beharrlich und unbeirrbar verfolgen. Kommen Sie – wie bei einer kaputten Schallplatte – immer wieder darauf zu sprechen (»Ich möchte Entlastung durch eine gerechte Aufteilung!«). Lassen Sie sich nicht auf Nebenschauplätze des Kampfes ein.

Begeisterung begeistert

Schlußplädoyer für eine authentische Körpersprache

Jetzt haben wir Ihnen in vielen Kapiteln die Körpersprache der Macht und Ohnmacht anhand zahlreicher Alltagssituationen vorgestellt. Wir hoffen nicht, daß wir Sie mit unseren Analysen derart verschreckt haben, daß Sie die älteste und ehrlichste Sprache des Menschen generell im Zwielicht sehen. Wir möchten Sie daher abschließend ausdrücklich ermuntern, auf die Kraft der Gesten, mimischen Ausdrücke, Bewegungen und Haltungen zurückzugreifen, wenn es gilt, andere Menschen für sich und die eigenen Ideen zu begeistern. Eine authentische Körpersprache übt eine magische Wirkung auf unsere Mitmenschen aus.

Ein Redner möchte sein Auditorium erreichen; eine Schauspielerin hofft, ihr Publikum zu berühren; ein Dozent möchte, daß ihm die Studentinnen und Studenten bei seinen theoretischen Ausführungen folgen können; eine Vorgesetzte möchte bei ihrem Team gut ankommen, um dieses für die anstehenden Arbeiten zu motivieren. »Erreichen«, »berühren«, »folgen« und »ankommen« – die Worte deuten an, daß in allen vier Beispielen Bewegungen notwendig sind, wollen die Kommunikationsparteien zueinanderfinden:

- Trägt ein Redner seine Rede mit unbewegter Stimme, in einschläferndem Tonfall und mit starrer Körpersprache vor, wird sein Vortrag verpuffen, mag der Inhalt auch noch so spannend sein. Der Redner sollte, will er sein Auditorium erreichen, eine bewegte und damit bewegende Rede halten.
- Auch eine Schauspielerin muß »anrührend« spielen. Nur

durch ihr eigenes bewegtes Spiel kann sie das Publikum zu Tränen rühren oder zum Lachen bringen.

- Die Studentinnen und Studenten werden den Ausführungen ihres Dozenten nur dann folgen, wenn dieser seine Theorien auch ansprechend vorträgt. Je engagierter er seine Vorlesungen abhält, desto leichter können die Zuhörerinnen und Zuhörer seinen Gedankengängen folgen.
- Will eine Teamleiterin ihr Team motivieren, muß sie bei diesem gut ankommen. Sie sollte die Distanz zu ihren Mitarbeiterinnen und Mitarbeitern überwinden. Nähe kann sie nur herstellen, wenn sie authentisch ist und selbst lebt, was sie predigt: Engagement und Begeisterung für die Arbeit, gepaart mit Wertschätzung ihren Mitarbeitern gegenüber.

Bei allen vier Beispielen handelt es sich um das gleiche Prinzip von Bewegungen:

Nur durch eigene Bewegtheit und Bewegung kann die Distanz zu den Ansprechpartnerinnen und Ansprechpartnern überbrückt und können diese dazu bewegt werden, sich zu bewegen.

Stellen Sie sich vor, Sie haben eine gute Idee, wie man ein Problem lösen kann, mit dem sich Ihr Team schon länger herumplagt. Diese zündende Idee bringen Sie auf der nächsten Teamsitzung ein. Mit leiser Stimme, gesenktem Blick und gebückter Haltung tragen Sie Ihre Vorschläge vor:

»Ähm, ich hätte da mal einen Vorschlag. Ich meine, ist ja nur eine Idee von mir, also, ähm, vielleicht sollten wir mal probieren – so als Versuch …«

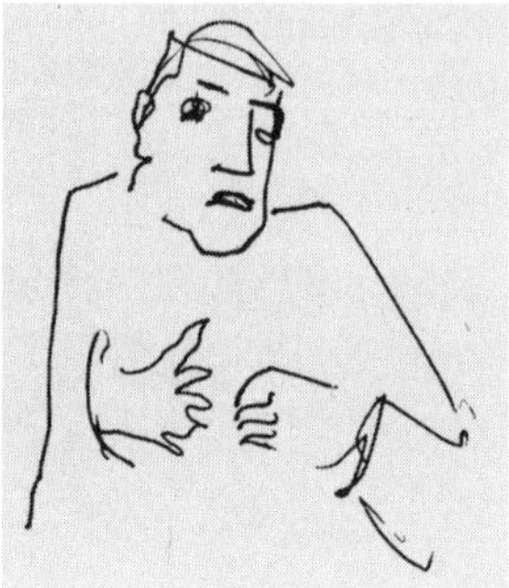

Ihre Idee, die Sie derart vorsichtig und stotternd vorbringen, mag inhaltlich noch so brillant sein – niemand wird Ihrem Vorschlag folgen, weil Sie diesen im körpersprachlichen und verbalen Tiefstatus vortragen. Sie werden Ihre Kolleginnen und Kollegen kaum dazu bewegen können, Ihre Vorstellungen anzunehmen und umzusetzen.

Wir verbinden Ideen mit Personen. Nicht abstrakte Gedanken haben das Rad der Geschichte bewegt, sondern Menschen mit Hirn und Herz. Wir folgen nicht Theorien, sondern Menschen, die ihre Ideen sowohl authentisch und begeistert vertreten als auch selbst leben.

Gute Ideen müssen verkörpert werden.

Eine bewegende Verkörperung eigener Ideen setzt eine engagierte, klare und mitreißende Körpersprache voraus, die die heimliche Botschaft kommuniziert: »Ich stehe hinter meiner Idee, und an meiner engagierten Körpersprache sieht man, daß ich sie mit viel Energie erarbeitet habe. Diese Energie werde ich auch dazu einsetzen, die Idee in die Tat umzusetzen. Wenn ihr also meiner Idee folgt, dann könnt ihr auch sicher sein, daß ich meine volle Kraft zur Verfügung stellen werde, um sie umzusetzen.«

Warum orientieren wir uns an den Ideen von Menschen, die Souveränität, Energie und Enthusiasmus ausstrahlen? Warum folgen wir eher den Vorschlägen selbstsicherer Menschen, wenn wir uns zwischen unterschiedlichen Vorschlägen entscheiden müssen? Ganz einfach: Weil wir Sicherheit und Orientierung suchen. Wenn wir selbst zwischen verschiedenen Ansätzen, Ideen und Möglichkeiten hin- und herschwanken, suchen wir Halt. Souveräne Menschen geben uns durch ihr Auftreten die relative

Sicherheit, daß wir bei ihnen in guten Händen sind und sie uns diesen Halt geben können. Bei ihnen fühlen wir uns gut aufgehoben.

- Schauen Sie sich die Bewegungen von Dirigenten an, die ihr Orchester dazu veranlassen möchten, eine bewegte Musik zu spielen, die das Publikum berührt: Die dirigistischen Bewegungen verschiedener Dirigenten mögen zwar sehr unterschiedlich sein, doch stets sind sie absolut präzise und akzentuiert. Je klarer und eindeutiger jemand dirigiert, desto leichter kann ihm das Orchester folgen. Es fühlt sich bei einem sicheren Dirigenten ebenfalls sicher. Die Qualität der Musik wird besser, je souveräner ein Dirigent seine Führungsposition besetzt.
- Packende Rednerinnen und Redner agieren wie Dirigenten: Sie bringen mittels Körpersprache ihre eigenen Emotionen in den Vortrag ein und wirken authentisch, weil sie nicht nur abstrakte Ideen vorstellen, sondern ihre Ideen auch verkörpern. Authentizität steckt an und bewegt – das Auditorium fühlt sich bei einem engagierten Redner gut aufgehoben und kann dessen Ausführungen leichter folgen.
- Gute Lehrerinnen und Lehrer bieten einen lebendigen Unterricht und schaffen es dadurch, ihre Schülerinnen und Schüler zu erreichen. Doch nicht allein spannende Inhalte machen den Unterricht lebendig, stets müssen die Pädagogen diese Inhalte auch lebendig vermitteln. Ein lebendiger Unterricht lebt von dem Engagement und damit der Bewegtheit der Lehrerinnen und Lehrer.

- Ein guter Chef oder eine gute Chefin schaffen es, ihre Mitarbeiterinnen und

Mitarbeiter zu begeistern. Um diese Begeisterung zu entfachen, die die Basis für die Motivation der Mitarbeiter bildet, müssen die Vorgesetzten selbst begeistert sein.

Begeisterte Menschen sind mit Haut und Haar, mit Verstand und Herz bei der Sache. Begeisterung ist dank ihrem hohen Maß an Authentizität und Emotionalität ansteckend – Begeisterung begeistert.

Bewegung bewegt. Eine bewegte Körpersprache motiviert.

In diesem Sinne wünschen wir Ihnen viel Spaß und Erfolg mit einer authentischen und bewegten, aber nicht dominanten Körpersprache.

Literaturliste

Arendt, Hannah: *Macht und Gewalt.* Piper, München, 15. Aufl. 2003.

Argyle, Michael: *Körpersprache und Kommunikation.* Junfermann, Paderborn, 7. Aufl. 2002.

Becker, Boris: *Augenblick, verweile doch …* Bertelsmann, Gütersloh 2003.

Benard, Chery / Schlaffer, Edit: *Let's kill Barbie!* Heyne, München 1997.

Conniff, Richard: *Magnaten und Primaten.* Blessing, München 2003.

Damasio, Antonio: *Ich fühle, also bin ich.* List, München 2000.

Damasio, Antonio: *Descartes' Irrtum.* List, München 1995.

De Waal, Frans: *Unsere haarigen Vettern.* Harnack, München 1983.

De Waal, Frans: *Der gute Affe.* dtv, München 2000.

Dux, Günter: *Die Spur der Macht im Verhältnis der Geschlechter.* Suhrkamp, Frankfurt 1997.

Farin, Klaus (Hrsg.): *Die Skins – Mythos und Realität.* Links, Berlin 1997.

Findeisen, Hans Volkma / Kersten, Joachim: *Der Kick und die Ehre. Vom Sinn jugendlicher Gewalt.* Kunstmann, München 1999.

Gilmore, David: *Mythos Mann. Rolle, Rituale, Leitbilder.* Artemis & Winkler, Munchen 1991.

Goffman, Erving: *Interaktionsrituale. Über Verhalten in direkter Kommunikation.* Suhrkamp, Frankfurt 1986.

Goffman, Erving: *Wir alle spielen Theater. Die Selbstdarstellung im Alltag.* Piper, München 2003.

Goleman, Daniel: *Emotionale Intelligenz.* dtv, München 1997.

Goodall, Jane: *The Chimpanzees of Gombe.* Belknap Press, Cambridge 1986.

Grabrucker, Marianne: *»Typisch Mädchen …«* Fischer, Frankfurt 1985.

Herle, Ulrike: *Selbstverteidigung beginnt im Kopf.* Piper, München 1994.

Johnstone, Keith: *Theaterspiele.* Alexander, Berlin 1998.

Kersten, Joachim: *Gut und Geschlecht. Männlichkeit, Kultur und Kriminalität.* Gruyter, Berlin 1997.

Klein, Stefan: *Die Glücksformel.* Rowohlt, Reinbek 2003.

Molcho, Samy: *Körpersprache.* Mosaik, München 1983.

Morris, Desmond: *Körpersignale.* Heyne, München 1986.

Mühlen Achs, Gitta: *Wie Katz und Hund. Die Körpersprache der Geschlechter.* Frauenoffensive, München 1993.

Mühlen Achs, Gitta: *Geschlecht bewußt gemacht.* Frauenoffensive, München 1998.

Neffe, Jürgen: »Risikofaktor Mann.« / *taz,* Berlin, 8.3.2003.

Otten, Dieter: *MännerVersagen. Über das Verhältnis der Geschlechter im 21. Jahrhundert.* Lübbe, Bergisch Gladbach 2000.

Rhode, Rudi / Meis, Mona Sabine / Bongartz, Ralf: *Angriff ist die schlechteste Verteidigung. Der Weg zur kooperativen Konfliktbewältigung.* Junfermann, Paderborn 2003.

Rhode, Rudi / Meis, Mona Sabine: *Wenn Nervensägen an unseren Nerven sägen. So lösen Sie Konflikte mit Kindern und Jugendlichen sicher und selbstbewußt.* Kösel, München 2006

Rosenberg, Marshall B.: *Gewaltfreie Kommunikation.* Junfermann, Paderborn 2001.

Rubin, Hariett: *Machiavelli für Frauen.* Krüger, Frankfurt 1998.

Schnack, Dieter / Neutzling, Rainer: *Kleine Helden in Not. Jungen auf der Suche nach Männlichkeit.* Rowohlt, Reinbek 1990.

Sofsky, Wolfgang: *Traktat über die Gewalt.* S. Fischer, Frankfurt 1996.

Theweleit, Klaus: *Männerphantasien.* dtv, München 1995.

Windfuhr, Manfred (Hrsg.): *Heinrich Heine.: Historisch-kritische Gesamtausgabe der Werke.* Bd. 13/1; Hoffmann und Campe, Hamburg 1988.

Wölfl, Edith: *Gewaltbereite Jungen – was kann Erziehung leisten?* Reinhardt, München 2001.

Wortberg, Christiane: *Bye, bye Barbie. Körpersprache und Körperbild in der Gewaltpräventionsarbeit.* Unrast, Münster 1997.